DESENVOLVIMENTO EMOCIONAL E PRÁTICA PSICOTERÁPICA

Blucher

DESENVOLVIMENTO EMOCIONAL E PRÁTICA PSICOTERÁPICA

na perspectiva psicanalítica de D. W. Winnicott

Leopoldo Fulgencio
Lygia Vampré Humberg

Desenvolvimento emocional e prática psicoterápica na perspectiva psicanalítica de D. W. Winnicott

1ª edição – Blucher, 2024
Editora Edgard Blücher Ltda.

Publisher Edgard Blücher
Editor Eduardo Blücher
Coordenador editorial Rafael Fulanetti
Coordenação de produção Andressa Lira
Produção editorial Juliana Morais
Preparação de texto Regiane da Silva Miyashiro
Diagramação Plinio Ricca
Revisão de texto Cristiana Gonzaga Souto Corrêa
Capa Laércio Flenic
Imagem de capa iStockphoto

Blucher

Rua Pedroso Alvarenga, 1245, 4º andar
04531-934 – São Paulo – SP – Brasil
Tel.: 55 11 3078-5366
contato@blucher.com.br
www.blucher.com.br

Segundo o Novo Acordo Ortográfico, conforme 6. ed. do *Vocabulário Ortográfico da Língua Portuguesa*, Academia Brasileira de Letras, julho de 2021.

Dados Internacionais de Catalogação na Publicação (CIP)
Angélica Ilacqua CRB-8/7057

Fulgencio, Leopoldo
Desenvolvimento emocional e prática psicoterápica na perspectiva psicanalítica de D. W. Winnicott / Leopoldo Fulgencio, Lygia Vampré Humberg. – São Paulo : Blucher, 2024.
246 p.

Bibliografia
ISBN 978-85-212-2026-8

1. Psicanálise 2. Winnicott, D. W., 1886-1971 I. Título II. Humberg, Lygia Vampré

24-1184 CDD 150.195

Índice para catálogo sistemático:
1. Psicanálise

Para Leonardo da Silva,
que cuida de nós.

Agradecimentos

À FAPESP e ao CNPq, pelo constante e consistente apoio a nossas pesquisas. Todos os textos aqui reunidos derivam de pesquisas que foram financiadas por essas instituições de fomento em diversos momentos de nossas vidas como pesquisadores, seja no âmbito da produção teórica, seja no campo da atividade clínica.

A nossos colegas de profissão dedicados ao trabalho clínico, psicoterápico e médico, com os quais temos desenvolvido laços fraternos e que são pessoas que admiramos: os queridos amigos do Núcleo Espaço Potencial Winnicott do Instituto Sedes Sapientiae (EPW) e do Interlocuções, a Chulamit Terepins, Elias Mallet da Rocha Barros, Elisabeth Rocha Barros, Rogério R. Coelho e Souza, Luiz Meyer, Regina Elizabeth Lordello Coimbra, Paulo Sandler, Rogerio Lerner e Maria Ângela Santa Cruz *in memoriam*.

E, sempre, para aqueles que nos levam e nos levaram a ser quem somos e a viver a vida com alegria e para os que compartilham nosso cotidiano: nossos filhos, pais, irmãos, aos outros membros de nossas famílias e nossos amigos. Seria uma longa lista citar todos, mas gostaríamos que cada um sentisse que contribuiu conosco, ajudando e dando suporte para o que somos.

Origem e organização das referências usadas neste livro

Os textos aqui publicados derivam de nossa reflexão sobre o desenvolvimento emocional do ser humano e do trabalho clínico psicoterápico psicanalítico, bem como de nossa parceria pessoal e intelectual ao longo dos últimos 15 anos. É difícil dizer quem pensou o quê, em que ordem, e dar os créditos específicos para cada um. Ainda que tenhamos pensado ou escrito isso ou aquilo mais objetivamente, temos produzido em conjunto, com todas as dinâmicas de encontros e desencontros que as trocas intensas e verdadeiras geram na sua realização: lutamos para apreender, entender e explicitar os fenômenos clínicos – nem sempre evidentes e, muitas vezes, enganosos na sua aparência –, bem como para fazer valer nossos pontos de vista um com o outro. Ao final, estamos satisfeitos com o resultado, na autoria conjunta, de algo que acreditamos que possa ser útil para o trabalho clínico.

A maioria dos textos aqui reunidos é inédita, escrita ao longo dos anos, e os retomamos para revisá-los e atualizá-los tendo em vista a publicação do presente livro. Apenas três desses textos já foram publicados, ainda que os tenhamos revisado e atualizado, a saber: um como capítulo de livro – Humberg, L. V. (2016). *Quando uma mulher tem seu bebê internado numa UTI neonatal.* In S. L. Alonso, D. M. Breyton, H. M. F. M. Albuquerque, & L. Cartocci (Eds.), *Corpos, sexualidades, diversidade* (pp. 218-230). Escuta –, aqui republicado com o título "Mães de bebês em UTI neonatal" (Capítulo 9); outro, como artigo de um número especial da Revista *Cadernos Jurídicos* – Humberg, L. V. (2020). Com quem estamos falando. Tipos de pessoas e tipos de comunicação. *Cadernos Jurídicos (Winnicott: aportes da Psicanálise para apoio das decisões do Judiciário), 21*(56), 41-49 – republicado aqui com o título "Tipos de pessoa e tipos de comunicação no processo analítico" (Capítulo 7); e, por fim, outro, como artigo em revista – Fulgencio, L., & Humberg, L. V. (2023). A busca de si mesmo e da identidade nas transformações corporais. *Estilos da Clínica, 28*(2), 235-248 –, republicado aqui com o mesmo título (Capítulo 10).

A grande maioria dos textos aqui incluídos foi escrita num estilo mais acadêmico, o que implica a obediência a padrões editoriais que enfatizam, necessariamente, a caracterização completa das citações e das referências bibliográficas. Agora, publicando-os neste livro, que visa um público ainda mais amplo, sem abandonar o rigor com a forma e o conteúdo das informações bibliográficas, optamos por colocá-las nas notas de pé-de-página. Desta maneira, o leitor que precisar ou necessitar das referências, sempre terá acesso direto a elas; e o leitor mais interessado na análise dos conteúdos dos temas aqui tratados poderá seguir a linha argumentativa sem ter que "interromper" sua leitura com este conjunto de referências que, às vezes, torna a leitura menos direta.

Conteúdo

Prefácio

É interessante notar um fenômeno curioso que tem ocorrido nas publicações no campo da psicanálise: casais publicando juntos suas reflexões. Temos vários exemplos, além de Lygia Humberg e Leopoldo Fulgencio: Joseph Sandler e Anne Marie Sandler, o casal Botela, Luiza e Jorge Ahumada, Paulo e Ester Sandler, Elias e Elizabeth Rocha Barros, o casal Bohleber, Daniel Stern e Nadia Bruschweiler-Stern, dentre outros.

Será que os psicanalistas seriam mais afeitos a relações íntimas que incluem também o intenso intercâmbio de ideias? Seriam esses casais menos competitivos e mais cooperativos? Seria esse um efeito de que ambos passaram por longas análises? Fica a pergunta e a curiosidade.

Procuramos seguir aqui a sugestão de uma *leitura transitiva*, feita por Thomas Ogden[1], propondo que, ao lermos um texto, façamos algo ativamente com ele, tornando-o nosso, *interpretando* (o texto) *de modo a acrescentar-lhe algo que não estava ali, antes de eu ler.*

1 Ogden 2014, p. 22.

Ogden acrescenta que é igualmente importante ler *de maneira intransitiva*, isto é, entregar-se por completo à experiência da leitura, *ficar ocupado* e, em certa medida, *tomado pela mente de outra pessoa, o escritor, enquanto profiro as palavras dele*[2]. Estas são as duas perspectivas que propomos para os leitores desta obra.

Lygia e Leopoldo, seguindo os caminhos de Bion e Winnicott (e de Ogden), acentuam a importância da *experiência de* como central para o ganho de sentido na construção do ser. Este livro é uma proposta de se viver compartilhando uma perspectiva conjunta com o casal de autores de vivências na área da psicanálise, tanto como prática clínica, como teoria a ser aprendida, apreendida e ensinada.

A sugestão inicial de Thomas Ogden de diferenciar uma psicanálise epistemológica, voltada para uma compreensão, para o entendimento, ou seja, para o *insight* de um sentido, de uma psicanálise ontológica, dedicada a produzir experiências transformadoras, é retomada por nossos autores. Essa distinção entre as duas perspectivas vem de longe. Bertrand Russell falava de conhecimento adquirido por familiaridade e de conhecimento cuja fonte era a demonstração exemplificadora. Retomamos Bertrand Russell aqui para compartilhar a experiência de dividir com Lygia e Leopoldo o conhecimento que eles *adquiriram por familiaridade* com a prática da psicanálise clínica e teórica.

É claro que não acreditamos que os autores supracitados pensem que haja uma separação tão radical entre compreender e viver uma compreensão. Em geral, quando há alguma transformação do ser, de nossa subjetividade, existe concomitantemente uma experiência de ostensividade, seja de uma compreensão vivencial ou de uma vivência compreensiva.

Aqui talvez caiba uma expressão de nosso saudoso colega Fábio Hermann definindo a psicanálise como uma ciência artística ou como

2 Ogden 2014, p. 22.

uma arte científica. Essa questão é retomada no Capítulo 1 deste livro, quando se propõe uma conjunção da cura pela palavra e da cura pela experiência como dois lados de uma mesma moeda, ensejando, assim, a ideia de uma ética do cuidado, de *caritas*, segundo Santo Agostinho.

Vale a pena aprofundar um pouco essa questão adicionando algo ao que os autores estão compartilhando. Lendo um texto recente de Chris Mawson[3], um analista pós-bioniano inglês, organizador e editor das obras completas de W. Bion em 14 volumes, fomos capturados pelo conceito de *Sorge* (do alemão traduzido como *care*, *charity*, em inglês, *caritas* e cuidado em português), um conceito heideggeriano. Não se trata de cuidado no sentido de oferecer um acolhimento amoroso, caritativo, carinhoso a alguém necessitado. *Sorge* é um estado angustiado de ser que gera um desejo de *estar com*, ou melhor dizendo, *de ser com (alguém, nosso paciente), de forma terna*. Em alemão, *mitsein*.

Nas propostas terapêuticas de Lygia e Leopoldo, desenvolvidas nos capítulos seguintes, é desenvolvida a ideia de que tratar alguém é um modo de *ser com alguém ternamente*. Não há nada de piegas nessa proposição, pelo contrário: é uma maneira profunda de retomar o tema da intersubjetividade no seu processo transformacional. Estar com, nesse caso, é compreender profunda e ternamente o Outro humano como nós.

Na perspectiva de Lygia e Leopoldo, tanto o analista quanto o paciente sofrem juntos para depois terem prazer juntos, num processo transformacional. Novamente insistimos para que essas palavras sejam entendidas em sua profundidade, e não em sua qualidade potencialmente poética. Para mudar, é preciso sofrer, e para sofrer, é preciso mudar. E para poder sofrer e mudar, é necessário manter a esperança num futuro melhor que nos é dado pela experiência de ternura de quem cuida, seja o paciente, seja o analista.

---

3 Mawson 2023.

Ternura aqui, vale insistir, não carinho ou demonstração de amor, mas compreensão fundida como amor ao entendimento, compromisso profundo com a psicanálise e com a vivência dessa nova forma de relacionamento humano: a relação psicanalítica na sessão.

No que acabamos de dizer, os leitores de Winnicott estão se lembrando de seu texto sobre o sugar do polegar do bebê que é machucado indicando que "o elemento de que algo deve sofrer para o bebê ter prazer: o objeto do amor primitivo sofre por ser amado, além de ser odiado"[4].

Melanie Klein, pensando sobre a qualidade da vida do ser humano em um artigo publicado postumamente, considerava que a humanidade sofria epidemicamente de superficialidade emocional, de falta de compromisso, em suma de falta de profundidade em seus afetos, uma qualidade que torne a vida *algo que vale a pena de ser vivida*, que a torna interessante e, por isso, significativa. Uma das qualidades do *estar vivo* é a possibilidade de *ser espontâneo*. Recuperar a espontaneidade é substantivo para se recuperar a vida não vivida, aqui tomando de empréstimo o título do livro de Thomas Ogden (*Reclaiming Unlived Life. Experiences in Psychoanalysis*)[5].

---

4 Winnicott 1945, p. 155. A obra de Winnicott será citada a partir da classificação estabelecida por Hjulmand (1999; 2007). Esta classificação apresenta os textos de Winnicott na ordem em que foram publicados. Na atual edição das obras completas de Winnicott – *The Collected Works of D. W, Winnicott [CW]*. Editada por Lesley Cladwell e Helen Taylor Robson. New York: Oxford University Press, 2017 –, temos uma classificação por ordem cronológica de escrita; no entanto, a CW ainda não é material de fácil acesso aos pesquisadores, o que nos fez optar por esta referência e padrão de citação estabelecida por Hjulmand, como material mais acessível e familiar aos pesquisadores da obra de Winnicott. Uma tabela com as correspondentes páginas em diversas edições das obras de Winnicott (em inglês e em português) está sendo elaborada por Leopoldo Fulgencio.

5 Ogden 2016. Recém-publicado em português (2023), *Recuperando A Vida Não Vivida: Experiências Em Psicanálise*.

Em muitos momentos, os autores descrevem a fenomenologia da recuperação da espontaneidade, cujo conceito e fenomenologia desenvolvem em seus exemplos clínicos.

Fulgencio, nos capítulos iniciais – e depois, implicitamente, também Lygia –, discute a natureza do trauma como fruto da interrupção da continuidade do ser. Até aqui, nada de novo nesse conceito winnicotiano. A novidade é a descrição fenomenológica do processo de recuperação da vivência traumática que permite a apropriação de uma identidade subjetiva constitutiva do ser. Aqui é mencionado um autor por nós desconhecido até a referência neste livro – Bessel Van Der Kolk. Agradecemos por esta indicação!

Seguindo ainda Ogden[6], que sugere que acrescentemos algo aos autores enquanto *somos lidos por eles*, lembramos de algo que escrevemos[7] durante a pandemia inspirados por Marcelo Viñar[8], descrevendo a paralisia traumática que tomava conta de todos nós:

> *É aquilo que chamamos (estou usando aqui uma expressão de Marcelo Viñar) de metabolismo perpétuo de autoconstrução se paralisa, é invadido, a pessoa deixa de ser capaz de metabolizar suas experiências emocionais de dor, de medo, de ameaça de morte sua e de seus entes queridos. Mas não fica nisto, o medo se associa a outros medos e o paciente passa a temer por sua integridade mental, por sua unidade egoica*[9].

A expressão "metabolismo perpétuo de autoconstrução", a nosso ver, refere-se à insistência dos autores de que o ser existe em processo, no sendo e sem ponto de chegada. Nesse devir, o ser se

6 Ogden 2014, p. 22.

7 Barros, Barros Neto & Barros, 2020.

8 Viñar 2004.

9 Viñar 2004, p. 43.

enriquece descobrindo e criando novos símbolos para suas experiências emocionais, tornando-se mais capaz de apreender simbolicamente a vida de uma maneira mais específica e, ao mesmo tempo, de forma mais abstrata, de modo a poder pensá-la numa perspectiva mais ampla. A recuperação do trauma vivido se dá pela reativação desse metabolismo perpétuo de autoconstrução num contexto experiencial e intersubjetivo.

Ser lido pelos autores do texto que ora prefaciamos significa permitir que sejamos tomados pela experiência que eles nos transmitem de forma a inspirar uma nova leitura de nossos próprios textos. Outro capítulo deste livro que merece destaque (todos merecem, mas este em especial) é aquele sobre relacionamentos adictivos, assinado por Lygia Vampré Humberg. O tópico é original e a dinâmica descrita é fascinante e, cremos, ajuda enormemente tanto o psicanalista quanto o terapeuta familiar a compreender a natureza de alguns "casamentos" malignos, de relações impossíveis de serem metabolizadas, de vivências cristalizadas, como a do casal unido pela briga, outros que têm nos filhos a sua droga etc. Vale a leitura e a difusão ampla dessas ideias.

Terminamos sublinhando a proposta de definição da natureza da relação analítica indicada pelos autores como sendo terapêutica. Dizem eles: "[Trata-se] de uma anamnese, prolongada onde procuramos (pela) história de cada um a favor de si mesmos". Ou, como diria Ogden: "A última coisa no mundo que qualquer paciente precisa é uma segunda versão de si próprios"[10].

Nessa linha, o objetivo básico de uma relação analítica para nossos autores é a de chegar à formulação que Proust descreve no episódio famoso das madalenas, quando o personagem diz que, ao umedecer o docinho no chá, "*essa essência não estava em mim, era*

10 Ogden 2023, p. 39.

eu"[11]. Em suma, em cada momento de uma análise bem-sucedida, a dupla vive uma apropriação do si mesmo não como uma consciência em si, mas como uma *consciência para si* de uma vivência que o torna mais ele mesmo.

Elizabeth Lima da Rocha Barros
Elias Mallet da Rocha Barros

Referências

Barros, E. M. d. R., Barros Neto, A. M. d. R., & Barros, E. L. d. R. (2020). O potencial traumático da pandemia de covid-19. *Revista Brasileira de Psicanálise (online)*, 54(2), 44-57.

Mawson, C. (2023). Forgiving as malice relented: the depressive position in action. In *Psychoanalytic approaches to forgiveness and mental health*. Abingdon: Routledge.

Ogden, T. (2014). *Leituras criativas*. São Paulo: Escuta. Selo Kultur.

_______ (2023). *Recuperando a vida não vivida*. São Paulo: Escuta. Selo Kultur.

Proust, M. (2022). À Procura do Tempo perdido. *Para o lado de Swan. Vol.1*. São Paulo: Companhia das Letras.

Viñar, M (2004). Noción de trauma en psicoanálisis y campos afines. *Boletín de la Asociación Psicoanalítica Argentina*, 72, 89.

Winnicott, D. W. (1945). Primitive emotional development. In *Through paediatries to psychoanalysis*. New York: Basic Books, 1958.

11 Proust 2023, p. 71.

Introdução

A psicanálise foi criada, inicialmente, para ser um método de tratamento psicoterápico de adultos, no campo das chamadas neuroses de transferência (histeria, fobia, obsessão), e teve seu escopo clínico ampliado, tanto para distúrbios mais graves (paranoia, esquizofrenia, ou, de modo mais genérico, as psicoses) quanto para o tratamento de crianças e adolescentes. Hoje, ela é aplicável ao tratamento de perturbações existenciais, como o estresse da vida cotidiana, as impotências de natureza sexual, cognitiva e relacionais, as dificuldades de fazer amigos e encontrar amores, as inibições no pensamento e na afetividade, as síndromes de pânico, as atitudes antissociais e toda uma gama de distúrbios mais intensos referidos à organização mais estrutural dos indivíduos (referidos às perturbações ou desestruturações do self), como o extenso campo das perturbações do humor, dentre eles as depressões, os sentimentos de vazio ou de futilidade da existência, os distúrbios corporais de origem psicogênica ou distúrbios de natureza psicossomática, as adicções; como também, pensando em situações ainda mais graves, os distúrbios globais do desenvolvimento, como os que reconhecemos na esquizofrenia, paranoia, personalidades *borderline*, além de outras síndromes inseridas num amplo quadro de patologias, às vezes caracterizadas como sendo pertencentes ao espectro autista.

Enquanto método de tratamento psicoterápico, a psicanálise tem mostrado seu valor clínico, sendo um método *eficaz e com efeitos duradouros*, ainda que custoso, tanto em termos afetivos quanto financeiros, como também de dispêndio de tempo. Cabe ressaltar que que há uma lista significativa de estudos randomizados controlados com cegamento e tratamento estatístico de dados demonstrando a eficácia da psicanálise e das psicoterapias psicodinâmicas – veja, em Rogério Lerner (2024)[1], uma análise de algumas dessas publicações. A psicanálise, na amplitude do seu pensamento sobre a vida psíquica ou a natureza humana, tem fornecido o entendimento da origem psicogênica das patologias e sintomas descritos (sem descartar a possibilidade de suas pré-disposições ou disposições orgânicas) e fornecido uma direção psicoterápica para cuidar dos pacientes que sofrem desses males. Além disso, o amplo conjunto de tratamentos clínicos e suas necessárias expansões teóricas levou também a uma compreensão abrangente dos processos, saudáveis e patológicos, do desenvolvimento emocional ou socioemocional, oferecendo, hoje em dia, um vasto quadro teórico e descritivo enquanto uma teoria ampla e sistêmica do desenvolvimento.[2] A psicanálise fornece, pois, uma ferramenta teórica e prática para a compreensão do desenvolvimento emocional e a possibilidade de agir sobre ele, seja em termos profiláticos ou curativos.

---

1 Lerner, R. (2024). Que bobagem é o negacionismo de evidências científicas abundantes sobre psicanálise e psicoterapias psicodinâmicas! *Blog de Psicanálise*. Disponível em: https://www.sbpsp.org.br/blog/que-bobagem-e-o-negacionismo-de-evidencias-cientificas/

2 Ver Fulgencio 2022d, com análise do desenvolvimento do ponto de vista de S. Freud, Anna Freud, René Spitz, Erik Erkson, Margareth Mahler; e *Vol. 2. Atualidade* (2025, no prelo), com análise do desenvolvimento do ponto de vista de John Bolwby, Donald Winnicott, Daniel Stern, além de estudos atuais sobre o que caracterizar como sendo a psicanálise perinatal.

Cada um dos grandes desenvolvedores da psicanálise, desde Freud, dedicou-se a expandir o método para que pudesse cuidar de um novo tipo de clientela, um novo tipo de sofrimento, um novo tipo de arranjo patológico agregando o indivíduo e a sociedade. Adam Phillips comenta, inclusive, que cada um dos grandes psicanalistas edificou sua proposta e desenvolvimento da psicanálise, focado num tipo de catástrofe:

> *Cada teórico da psicanálise, poder-se-ia dizer, organiza sua teoria em volta do que poderia ser chamado de uma catástrofe essencial, para Freud era a castração; para Klein, o triunfo da pulsão de morte; e para Winnicott era a aniquilação do self central pela intrusão, como falha no ambiente de sustentação.*[3]

Daniel Stern, nessa mesma direção, aponta que o tratamento da histeria, de crianças e adolescentes, dos *borderlines*, dos distúrbios psicossomáticos e de esquizofrênicos e paranoicos, forneceu a "clientela" ou "o campo empírico" que exigiu, em cada um dos casos, a modificação da teoria e do método psicanalíticos, acentuando que, agora, no início do século XXI, com o surgimento das preocupações mais focais com a perinatalidade e a situação das mães e bebês por ocasião do nascimento dos bebês, também têm exigido que a psicanálise faça novas transformações, considerando a ampliação da sua teoria e de seus métodos clínicos para tratar dessa nova clientela[4].

Atualmente, a maioria dos mais importantes analistas do início do século XX, como André Green, Thomas Ogden, René Roussillon e Daniel Stern, tem em Winnicott um dos mais importantes pensadores da psicanálise pós-Freud. Não é por acaso que

3 Phillips 1988, p. 209.

4 Stern 1997; 2019.

a maior biblioteca de psicanálise do mundo (PEP WEB) o coloca em destaque, na sua lista dos 10 mais lidos e citados (e isto já há mais de 10 anos).

O conjunto de textos reunidos neste livro têm como foco de análise e estudo a prática psicoterápica psicanalítica, reunindo nossa produção ao longo de mais de 15 anos de trabalho e reflexão conjunta com e sobre o método de cuidado psicanalítico. Esses textos, alguns já publicados e outros inéditos, são frutos tanto de nossa produção individual quanto do constante intercâmbio que nos une na vida e na prática profissional, cujo pensamento e elaboração contam com nosso amálgama, ainda que assinemos alguns individualmente e outros em pareceria. Para a edição deste livro, revisamos e atualizamos todos os textos.

Os textos aqui reunidos podem, portanto, ser lidos separadamente dos demais, tendo uma argumentação conceitual que os torna independentes uns dos outros (ainda que isso implique algumas repetições). Um tema ou conjunto de argumentos que nos parece ser um avanço para a compreensão do desenvolvimento emocional e do processo analítico, aparecendo diversas vezes no nosso pensamento, é a compreensão dos diversos modos de experienciar ser (*sou, sou-com, sou-diferente-de, sou-predicável*); ela corresponde a um desenvolvimento tanto do pensamento de Winnicott quanto da proposta de Tomas Ogden (2020), diferenciando uma psicanálise epistemológica (dedicada ao trabalho de produzir entendimento, cujos maiores representantes são Freud e Klein) de uma psicanálise ontológica (dedicada ao trabalho de produzir experiências do self, cujos maiores representantes são Winnicott e Bion). A repetição de nosso argumento distinguindo experiências de ser visa a manter a independência dos textos, mas nos parece também ressaltar a sua importância e uma especificidade da nossa contribuição, tanto para a teoria como para a prática clínica.

Parte I: textos de Leopoldo Fulgencio

No Capítulo 1, "A ética do cuidado psicanalítico: a conjunção de uma cura pela palavra com uma cura pela experiência", apresentam-se alguns aspectos orientadores da prática psicoterápica psicanalítica, com base na compreensão que Winnicott tem da teoria do desenvolvimento afetivo e pessoal, buscando explicitar elementos que possam caracterizar uma ética do cuidado, cujo objetivo é fornecer condições de sustentabilidade ambiental e de comunicação para que o paciente possa conquistar a possibilidade de agir no mundo por si mesmo, sem demasiada adaptação e perda da espontaneidade, numa vida que considere real, sua e que, portanto, valha a pena de ser vivida, independentemente do sofrimento que possa estar a ela relacionado. Nesse sentido, procura-se explicitar a noção winnicottiana de saúde e a nosografia a ela associada, bem como as condições e as formas gerais dos cuidados ambientais psicoterápicos, diferenciando os diversos tipos de pacientes e as necessidades específicas de cuidado ambiental para cada um desses tipos. A ética do cuidado, aqui descrita, procura mostrar que a comunicação e a atividade do brincar – como expressão da própria espontaneidade e criatividade – correspondem a características essenciais orientadoras da prática e dos objetivos dos métodos de tratamento psicoterápico de base psicanalítica.

No Capítulo 2, "A compulsão à repetição como impulso para a reparação", busca-se analisar a alternativa de Winnicott à compreensão do fenômeno clínico caracterizado por Freud como sendo o da *compulsão à repetição*. Defende-se que Winnicott substituiu a questão da repetição pela questão da regressão à dependência na situação analítica, o que colocaria o eu do paciente numa situação em que ele pode se desfazer de suas defesas, retornando a uma situação anterior ao trauma e à edificação de defesas.

No Capítulo 3, "O tratamento do trauma para a psicanálise", o objetivo foi dialogar com as propostas de Bessel Van Der Kolk sobre a questão do trauma, seus impactos e os modos de tratá-lo ou ultrapassá-lo. Depois de apresentar o problema e caracterizar o ponto de vista de Kolk, o texto dedica-se a explicitar as características da noção de trauma em Freud e em Winnicott para, no final, fazer um diálogo crítico-comparativo entre as duas propostas. Para Kolk, o trauma deixa marcas no cérebro que acabam por reger sentimentos e comportamentos, dificultando uma vida autônoma; será justamente a procura por *controle*, pelo desenvolvimento da *autoliderança* que ele propõe como tratamento. Mostra-se que Freud concebeu a noção de trauma como uma excitação não descarregada, usando a histeria como modelo e enfatizando que essa noção de trauma é construída com a ajuda de conceitos especulativos. Em seguida, comenta-se que, para Winnicott, o trauma não é pensado em função do ponto de vista econômico, nem basicamente como sendo de natureza sexual, nem centrado no complexo de Édipo, mas diz respeito às falhas ambientais que interrompem a continuidade de ser. Procura-se, nesse sentido, explicitar que a noção de trauma em Winnicott é concebida em termos da quebra na confiabilidade do ambiente com a aniquilação do self. Ao final, tomando o trauma como um acontecimento que aniquila o self, procura-se explicitar o caminho proposto pela psicanálise, no qual se espera que a experiência traumática seja ressignificada e incorporada no campo de domínio do self, fazendo o indivíduo não precisar mais se defender ou controlar as marcas do trauma, dado que esse passa a fazer parte harmônica da sua história.

Ao final desta Parte, no Capítulo 4, "Vulnerabilidade e resiliência", analisei o fenômeno da resiliência do ponto de vista da teoria do desenvolvimento socioemocional de Winnicott. Inicialmente, retoma-se qual é o sentido dado atualmente aos termos *vulnerabilidade* e *resiliência*, mostrando como eles têm sido analisados no campo da psicologia. Depois, procura-se mostrar como esses fatos (*vulnerabilidade* e *resiliência*) podem ser interpretados do ponto de vista da teoria do desenvolvimento socioemocional, tal como Winnicott a apresenta, mostrando que, para ele, o indivíduo não é, a princípio, nem forte nem fraco, mas depende da sustentação ambiental que recebe em cada uma das fases do desenvolvimento, com suas dinâmicas e necessidades específicas, mesmo que possa existir alguma predisposição orgânica.

Parte II: textos de Lygia Vampré Humberg

O Capítulo 5, "Adicções aos objetos e aos outros", corresponde a uma síntese da tese de doutorado, publicada como o livro *Relacionamentos adictivos. Vício e dependência do outro*[5], no qual o objetivo é explicar as características das adicções e dos relacionamentos adictivos, tendo como referência teórica o pensamento de Donald Winnicott e Joyce McDougall. Analisa-se, em primeiro lugar, a gênese e a dinâmica das adicções para, então, mostrar que há situações nas quais o relacionamento com o outro apresenta a mesma dinâmica que o adicto tem com a droga.

No Capítulo 6, "Tipos de relacionamentos adictivos", são descritos alguns casos ou situações clínicas mais comuns, organizando-as como tipos de relacionamentos aditivos, por exemplo: o casal que está unido pela briga; o que tem nos filhos a sua droga; o indivíduo adicto à conquista; o indivíduo que precisa estar casado (mesmo não estando); o indivíduo que não pode estar casado (mesmo precisando); o casal que inicia a procura de tratamento, mas não consegue chegar até o consultório; e, por fim, o relacionamento adictivo como ambiente suficientemente bom que leva ao amadurecimento. Trata-se de caracterizar e descrever modos de funcionamento de alguns casais, visando a ajudar os psicoterapeutas a reconhecerem tal sintoma e suas dinâmicas, ainda que não se ocupe de aprofundar teoricamente os processos psíquicos que animam esses cônjuges.

---

5 Humberg 2016.

No Capítulo 7, "Tipos de pessoa e tipos de comunicação no processo analítico", procura-se analisar como podemos nos comunicar verdadeiramente com os vários tipos de pessoas, tal como Winnicott as classifica (em termos da sua organização psíquica). Trata-se de explicitar os aspectos gerais da comunicação e das condições para que esta possa ocorrer, em função da organização afetiva ou da maturidade das pessoas. Caso isso não seja levado em conta, a comunicação não ocorre de fato; o que acontece é uma "confusão de línguas". Propõe-se, assim, em primeiro lugar, diferenciar quatro grandes tipos de organização psicopatológica (neuróticos, deprimidos, psicóticos e *borderlines*, bem como a especificidade daqueles que têm atitude antissocial), para mostrar que cada um deles necessita de um tipo específico de sustentação ambiental (de manejo do ambiente, da relação interpessoal, do encontro) para que uma comunicação efetiva possa ocorrer.

No Capítulo 8, "A fobia persistente: o pavor da aniquilação do self", é feita uma análise da fobia, do ponto de vista de Winnicott, considerando, então, que este sintoma pode ter origem na falta ou falha de *holding* nas fases mais primitivas do desenvolvimento. A proposta é analisar a situação fóbica do ponto de vista das falhas ambientais que geram *angústias impensáveis*, apontando tanto para os processos que estão na origem desses sintomas quanto para as formas de tratar esses pacientes; apresentando um caso clínico no qual a claustrofobia persiste como sintoma mesmo quando uma compreensão significativa da gênese desse sintoma já tenha sido alcançada no tratamento psicoterápico.

Ao final dessa Parte, no Capítulo 9, "Mães de bebês em UTI neonatal", retoma-se, revisando e atualizando um texto já publicado, um fenômeno-problema que diz respeito à situação e aos cuidados psicológicos necessários a serem dados para as mães cujo bebê permanece longos períodos em UTI neonatal. O nascimento de um filho com sérios problemas de saúde, que necessita ficar internado em uma UTI neonatal durante um tempo significativo, corresponde a um fato que perturba emocionalmente a mãe, às vezes rompendo a sua comunicação primitiva com seu bebê e disparando fantasias quanto à sua potência e identidade como mãe e como mulher. A partir do ponto de vista da teoria winnicottiana do desenvolvimento emocional e da compreensão que Daniel Stern & Nadia Bruschweiler-Stern[6] têm do desenvolvimento do sentimento de apego inicial mãe-bebê, bem como da observação e do diálogo com mães que vivenciaram essa situação, procura-se analisar o que ocorre com essas mães, buscando apontar para a necessidade de implantar cuidados específicos para elas.

Parte III: textos de Leopoldo Fulgencio & Lygia Vampré Humberg

Na terceira parte, reunimos as contribuições que escrevemos juntos, começando pelo Capítulo 10, "A busca de si mesmo e da identidade nas transformações corporais", com uma análise dos principais acontecimentos e conquistas do processo que leva à constituição da subjetividade (ou seja, o processo que leva o ser humano a poder apreender a si e ao outro como sendo dois), no quadro da teoria do desenvolvimento emocional de Winnicott. Trata-se, em termos de caminho, ou método, de uma proposta de teoria psicanalítica aplicada à compreensão de fenômenos comportamentais de domínio público. Para analisar esse processo, explicitando seus principais momentos e conquistas, nos apoiamos na análise do sentido dado ao uso de tatuagens e outras transformações corporais nos casos em que estas implicam modificações que não seriam apenas adornos da pessoa, mas têm maior amplitude e podem estar a serviço de uma busca pela própria identidade. Consideramos que a identidade, ou sentimento de si mesmo identitário, está associada ao seguinte conjunto de experiências: a de *ser*, sem predicado; a de *ser-com*, associada aos fenômenos

6 Stern & Bruschweiler-Stern 1998.

transicionais; a de *ser-diferente-de*, possível ao se conquistar o *status* do *EU SOU*, diferenciando-se do mundo; e a de *ser qualificável por um predicado*, quando o indivíduo chegou à integração como sendo uma *pessoa inteira* (*whole person*), podendo então colocar-se a questão identitária *Eu sou x* (*x* sendo um predicado do eu).

No Capítulo 11, "*Self-harm*: uma ação paradoxal que destrói a busca a si mesmo", apresentamos alguns aspectos centrais da compreensão do comportamento de autoagressão, no quadro do pensamento de Donald Winnicott, ressaltando a associação entre esse sintoma e a experiência de angústias impensáveis. Tal compreensão implica (com a introdução da experiência de ser a partir de si mesmo como fundamento para sentir-se real e vivo) uma determinada compreensão de quais seriam os procedimentos clínicos, no manejo da transferência, para o tratamento de pacientes com tais sintomas. Para isso, fazemos o seguinte caminho argumentativo: retomamos a descrição desse fenômeno associando-o com fenômenos afins (como as adições, os problemas alimentares, as manifestações psicossomáticas, dentre outros), mostrando um leque amplo e diversificado de sintomas de natureza análoga; e mostramos como esses fenômenos podem ser compreendidos, enquanto modos de viver a transferência num tratamento psicanalítico, no quadro de uma teoria do desenvolvimento do ser.

***

Apresentadas essas diversas perspectivas de cuidado psicoterápico psicanalítico de diversos tipos de sintomas e problemas existenciais, esperamos que esse conjunto de contribuições possa ajudar na aplicação do método de tratamento psicanalítico. Nós o compreendemos como sendo uma relação humana simplificada, um tipo de anamnese prolongada, em que buscamos pôr a história de cada um a favor de si mesmo, procurando levar a existência ao melhor do que ela pode ser nas suas condições e potencialidades, no reconhecimento das suas limitações, mas sempre como algo próprio, real e que, por isso mesmo, vale a pena ser vivida.

Agradecemos a todos de quem tratamos, nem sempre com sucesso, mas sempre com interesse vivo, colocando-nos a serviço da reparação das condições para que seja possível encontrar um lugar e um modo de poder ser neste mundo, poder amar e aproveitar da existência, podendo ser e deixar ser.

Leopoldo Fulgencio
Lygia Vampré Humberg

P.S. – Gravamos uma série de vídeos apresentando o livro e cada um de seus capítulos, inserindo-os também na plataforma Youtube (ver a *playlist Teoria e prática psicoterápica psicanalítica*), no QR code indicado a seguir:

PARTE I
Leopoldo Fulgencio

1. A ética do cuidado psicanalítico: a conjunção de uma cura pela palavra com uma cura pela experiência

A psicanálise e a psicologia, em todas as suas vertentes, são práticas de cuidado psicoterápico e, enquanto tais, há nelas uma ética geral do cuidado humano que orienta como esse encontro inter-humano deve regrar-se, dando diretrizes como:

- deve-se garantir a integridade física, psíquica e moral dos pacientes e, especialmente, evitar que a assimetria natural desse tipo de relação possa resultar em *abusos do poder dado ao terapeuta*;
- em outros termos, pode-se também afirmar sinteticamente que *o psicoterapeuta não deverá jamais usar o paciente para seus interesses pessoais*. Freud se refere, por exemplo, a modos indignos de uso da transferência;
- o *setting*, dentro do qual está inserido o contrato de trabalho, deve ser transparente nos seus acordos e procedimentos, com explicitação clara e consciente de seu funcionamento.

Tudo isso faz parte de uma ética do cuidado psicoterápico, aplicável a todas as perspectivas práticas e teóricas da psicologia.

O problema a ser analisado aqui, nesse contexto, é o de saber que tipo de cuidado específico faz a psicanálise e, no interior da psicanálise, quais especificidades no quadro teórico, epistemológico e prático deveriam ser consideradas no contexto do pensamento de Winnicott. Há uma literatura dedicada a este tema com a qual dialogarei[1], delimitando-me a alguns psicanalistas que se dedicaram a esse tema na obra de Winnicott, ainda que a preocupação com a "ética do cuidado" esteja presente em muitas outras perspectivas psicanalíticas e não psicanalíticas[2] e essa expressão não seja explicitamente usada, mas cujo sentido fenomenológico pode ser reconhecido.

A psicanálise como um método de tratamento psicoterápico

Retomemos, em primeiro, os aspectos básicos-estruturais da psicanálise, tal como Freud a elaborou para, depois, fazermos o desenvolvimento e a análise mais atual do que podemos entender como uma ética do cuidado.

Sabemos que a psicanálise foi construída por Freud para dar conta de um problema clínico que não encontrava tratamento e/ou solução na sua época: os sofrimentos que advinham da *histeria* e, depois, na mesma direção, que advinham das *obsessões* e das *fobias*. Tais neuroses, denominadas por Freud como neuroses de transferência – dado que transferiam os conflitos vividos internamente [no interior da vida psíquica] para sintomas que dificultavam a possibilidade de viver, amar e trabalhar –, eram o resultado de conflitos carregados de afeto que, não encontrando solução na consciência, eram

1 Cameli 2021; Lenormand 2018; Ogden 2019; 2021.

2 Tostes & Cury 2021; em uma perspectiva de uma psicologia centrada na pessoa.

transformados em inconscientes e, não perdendo sua força, resultavam em sintomas.

É importante retomarmos a caracterização que Freud fez do que é a psicanálise, referindo-a como sendo, ao mesmo tempo, um procedimento para a investigação de processos anímicos inconscientes; um método de tratamento das perturbações neuróticas; e uma ciência, assim construída. Mais ainda, é preciso ter em mente quais são as variáveis (os fenômenos) que Freud apresenta como constituintes do modo como a psicanálise compreende a vida da alma e seus modos de organização no mundo, especialmente no que se refere aos modos de tratar dos pacientes e aos objetivos a serem atingidos.

Para caracterizar de que ponto de vista Freud entende o que é a vida psíquica (seja nos seus modos saudáveis, seja nos patológicos), podemos elencar suas concepções chave que a diferenciam de outras psicologias: a divisão do psiquismo em consciente e inconsciente; a teoria dos sonhos; a importância dada à sexualidade infantil; o complexo de Édipo; a transferência; a resistência[3].

Na vida saudável, o indivíduo não é constrangido (em função dos seus conflitos) em demasia, nem pelas pressões corporais (seus desejos se impondo de forma imperial) nem pelas pressões advindas da moral (seja a moral pessoal, seja a social). Freud se refere a isto dizendo que a saúde, na psicanálise, só pode ser dita em termos metapsicológicos, ou seja, que a saúde só pode ser descrita em termos das relações entre as supostas instâncias psíquicas, analisando a posição do ego em relação às exigências do id e do superego[4].

O constrangimento decorre de conflitos internos sem solução. Caberá ao analista, junto com o paciente, "recordar, repetir e elaborar", ressignificando o passado, ajudando o paciente a: fortificar o eu,

3 Cf. Fulgencio 2008, pp. 197-244, para análise crítica desses fundamentos.

4 Freud 1937c, p. 226, nota 2. Freud será citado segundo a classificação estabelecida por Tyson & Strachey (1956).

tornando-o mais independente do supereu; o exame detalhado dos recalcamentos, com a unificação e o reforço mais extenso de seu ego, poupando-lhe a despesa psíquica por seus conflitos internos; dar forma, a partir do que ele é, ao melhor do que ele pode vir a ser em função de suas predisposições e capacidades; tanto quanto possível, ser capaz de atividade e de prazer; e, com isso, aumentar o poder de agir com uma maior autonomia, de dar ao eu uma possibilidade maior de habitar o mundo em que ele vive.[5]

Isso ocorre sustentado pela relação transferencial, relação afetiva, com a confiança e o amor do paciente pelo terapeuta: o paciente se cura pelo amor a seu analista[6]. O terapeuta, mantendo-se opaco para o paciente, fornece-lhe a capacidade dele mesmo encontrar suas soluções, dele mesmo fazer as ressignificações dos seus conflitos, de sua história, de suas relações.

Note-se que cabe ao analista fazer psicanálise, desmembrando as partes que compõem todos os atos psíquicos, todos os sentidos, da vida psicoemocional do paciente (suas ideias, seus desejos, suas histórias, seus sonhos, seus sintomas etc.), levando o paciente a apreender como estes são compostos; mas não cabe ao analista fazer psicossíntese; quem faz a síntese é o paciente. Daí todo o conjunto de regras de abstinência, de não se colocar como conselheiro ou juiz das ações do paciente, mas sim levá-lo a fortalecer-se para que ele mesmo encontre seu próprio caminho.

É, pois, nesse contexto, num método de tratamento centrado no encontro pela palavra intercambiável que o processo de cura ocorre, daí Freud se referir à psicanálise como uma *cura pela palavra* (*talking cure*).

A abstinência proclamada por Freud como necessária diz respeito à posição opaca do analista, que não se colocando como uma

---

5 Ver uma análise sobre os objetivos do tratamento psicanalítico, para Freud, em Fulgencio 2020a.

6 Freud 1937c, p. 234.

pessoa total, possibilita ao paciente ver a si mesmo, sem ter que atender ou confundir-se com o desejo do outro.

Winnicott pode ser considerado como um freudiano, para além de Freud. Ele retoma o que Freud lhe ensinou, redescrevendo-o: para Winnicott, Freud, com seus ombros de Atlas, forneceu-nos a base para que pudéssemos desenvolver a psicanálise como um método científico para compreensão e tratamento psicoterápico da natureza humana: "ele nos deu um método a ser usado e desenvolvido, através do qual poderemos checar as observações dos outros e contribuir com as nossas próprias observações"[7].

Ao escrever para sua irmã Violet Winnicott, ele diz:

> *Em resumo, a psicanálise é um método por meio do qual, através de um passo para trás seguido de outro, o paciente é levado a rastrear seus sonhos e obsessões até sua origem, a qual muitas vezes está instalada desde que ele era criança ou bebê. O paciente fica assombrado ao ver seu comportamento estranho explicado e sua causa trazida à consciência. Ele é capaz então de introduzi-la na batalha, e a vontade passa a ter uma chance.*[8]

Em outro momento de sua obra, Winnicott descreve o que ocorre no método de tratamento analítico:

> 1. *Diariamente, numa hora marcada, cinco ou seis vezes por semana, Freud colocava-se à disposição do paciente. (Esse horário era planejado de modo que fosse conveniente para ambos)*
> 2. *O analista estaria com certeza lá, na hora, vivo e bem.*

---

7 Winnicott 1965t, p. 21.

8 Winnicott 1987b, p. 3.

3. *Durante o tempo previamente combinado (cerca de uma hora) o analista permaneceria acordado e estaria preocupado com o paciente.*

4. *O analista expressaria o seu amor pelo interesse positivo assim demonstrado e seu ódio pelo estrito cumprimento dos horários de início e fim, e também através dos honorários. O amor e o ódio eram expressos honestamente, ou seja, não negados pelo analista.*

5. *O objetivo da análise seria o de entrar em contato com o processo do paciente, compreender o material apresentado e comunicar essa compreensão verbalmente. A resistência implicaria sofrimento, e poderia ser atenuada pela interpretação.*

6. *O método do analista era o da observação objetiva.*

7. *Esse trabalho era realizado dentro de um quarto, não um corredor. Um quarto silencioso e não sujeito a barulhos repentinos e imprevisíveis, mas não absolutamente silencioso nem imune aos ruídos domésticos normais. O quarto seria adequadamente iluminado, mas nunca por uma luz direta e nem por uma luz variável. Certamente não seria no escuro, e estaria agradavelmente aquecido. O paciente se deitaria num divã – ou seja, estaria confortável, caso isto lhe fosse possível –, provavelmente com uma manta e um pouco de água à sua disposição.*

8. *O analista (conforme sabemos) mantém o seu julgamento moral fora do relacionamento, não tem desejo algum de intrometer-se com detalhes de sua vida pessoal e de suas ideias, e não deseja tomar partido nos sistemas persecutórios, mesmo quando estes aparecem na forma de situações verdadeiramente compartilhadas – situações locais,*

políticas etc. Naturalmente, se houver uma guerra ou terremoto, ou se o rei morre, o analista não estará alheio a isto.

9. *Na situação analítica, o analista é bem mais confiável que as demais pessoas na vida cotidiana. De um modo geral, ele é pontual, não propenso a ataques de fúria nem a apaixonar-se compulsivamente etc.*
10. *Para o analista, há clara demarcação entre fato e fantasia, de modo que sonhos agressivos não o magoam.*
11. *É possível contar com a ausência de retaliação.*
12. *O analista sobrevive.*[9]

Ao caracterizar as três grandes fases de um tratamento psicoterápico psicanalítico, ele diz:

1. *Esperamos por certa força do ego nos estágios iniciais da análise, pelo apoio que simplesmente damos ao ego por fazer análise padrão, e fazê-la bem. Isto corresponde ao apoio dado ao ego pela mãe que (na minha teoria) torna forte o ego do bebê se, e somente se, é capaz de desempenhar sua parte especial nesta época. Isto é temporário e faz parte de uma fase especial.*
2. *Segue-se então uma longa fase em que a confiança do paciente no processo analítico acarreta todo tipo de experimentação (por parte do paciente) em termos de independência do ego.*
3. *Na terceira fase, o ego do paciente, agora independente, começa a se revelar e afirmar suas características*

9 Winnicott 1955d, pp. 472-473.

> *individuais, começando o paciente a ver como natural o sentimento de existir por si mesmo.*[10]

Ao referir-se ao que faz o método de tratamento psicanalítico ele diz:

> *Segundo a teoria que subjaz a todo o nosso trabalho, um distúrbio que não tenha causa física e que seja, em consequência, psicológico, representa um obstáculo no desenvolvimento emocional. A psicoterapia tenciona apenas e tão somente desfazer esse obstáculo, de modo que o desenvolvimento ocorra onde antes não era possível.*

Em outras palavras: um distúrbio psicológico significa imaturidade, imaturidade do crescimento emocional do indivíduo, e esse crescimento inclui a evolução da sua capacidade de se relacionar com pessoas e com o ambiente de modo geral[11].

Note-se, retomando todas essas referências, a importância que Winnicott dá à *experiência* do paciente, ao fato de ele necessitar experimentar ser a partir de si mesmo.

A importância da experiência vivida no processo analítico

A direção do tratamento psicanalítico, para ele, inclui, necessariamente a experiência como uma condição da retomada do processo de desenvolvimento emocional.

Mas em que direção? Evidentemente, na direção de um estado de saúde. Um estado que Freud descreveu metapsicologicamente, mas

---

10 Winnicott 1965d, pp. 214-215.

11 Winnicott 1984i, p. 121.

que Winnicott descreve em termos empíricos, sem que, com isso, venha a ser normatizante ou moralista. Winnicott diz, sobre a saúde:

> *A vida de um indivíduo saudável é caracterizada tanto por medos, sentimentos conflituosos, dúvidas e frustrações como por características positivas. O principal é que o homem ou a mulher sintam que estão vivendo sua própria vida, assumindo responsabilidade pela ação ou pela inatividade, e sejam capazes de assumir o crédito pelo sucesso e a culpa pelas falhas. Em outras palavras, pode-se dizer que o indivíduo passou da dependência para a independência, ou para a autonomia.*[12]

Também fazem parte da saúde, complementando a maneira como Winnicott se refere a ela, as seguintes características: adaptar-se ao mundo, sem perda demasiada do senso de si mesmo e da espontaneidade; viver criativamente, de uma maneira não submissa; ter a capacidade de sentir-se deprimido; poder cuidar de si e do outro; ter a capacidade de reparar danos; poder colocar-se no lugar dos outros; ter a possibilidade de identificação com o bem cultural; ser rico em termos de sua personalidade.[13]

Nesse quadro, ou objetivo ideal, há um *telos*, mas cuja realização é uma adequação "suficientemente boa" ou "suficientemente possível" para o estado de cada paciente: fazer o possível para que seja possível encontrar um *lugar para viver*.

---

12 Winnicott, 1971f, p. 29.

13 Para uma análise da noção winnicottiana de saúde, ver Fulgencio 2020b, pp. 181-184.

Cuidar pela psicanálise: cura pela palavra e cura pela experiência

O tratamento psicanalítico, do ponto de vista de Winnicott, visa ao desenvolvimento emocional via o encontro de si mesmo, a *experimentação de si mesmo*, até a chegada ou descoberta de um lugar para viver, de uma possibilidade de ser e continuar a ser no mundo sem perda em demasia da espontaneidade, experimentação que, por sua vez, deve ser necessariamente acompanhada pela significação e ressignificação daquilo que foi vivido, daquilo que foi experienciado.

É por isso que a psicanálise, com Winnicott, pode ser também caraterizada como uma cura pela experiência associada a uma cura pela palavra.

Mas quais experiências poderíamos elencar?

Não se trata, evidentemente, de qualquer experiência, dado que as falhas ambientais, a invasão ambiental, as agressões, os desencontros, a repetição das situações traumáticas etc., também são experiências. E, no *setting* e condução de uma cura analítica, por exemplo, se um analista não se comporta bem (usa o paciente para si, esquece a hora da sessão, abusa no uso da transferência e da dependência do paciente, dentre outras falhas, isto sem nos referir aqui a falhas mais graves, por exemplo, a sedução e até mesmo o intercurso amoroso erótico com o paciente), estas não deixam de ser experiências, mas que ocorreriam num sentido contrário ao da construção da autonomia e independência do paciente, aumentando sua confiança em si mesmo sem necessitar ocupar os polos paranoicos e inocentes do seu modo de estar no mundo com o outro. As experiências que precisam ser experienciadas no processo analítico dizem respeito às experiências de ser a partir de si mesmo, no mundo, com o outro, sem perda em demasia da sua espontaneidade, enfim, *as experiências de ser e de encontrar a si mesmo*.

Há uma série de autores que têm se dedicado a salientar a importância da experiência no processo analítico, especialmente em diálogo com a obra de Winnicott, que é o foco de minha perspectiva de análise neste capítulo. Retomarei alguns deles, ressaltando suas perspectivas[14].

Martine Girard, analisando o problema da teorização metapsicológica na obra de Winnicott, numa discussão no *International Journal of Psychoanalysis*[15], salientou a importância de experiência e de alguns tipos específicos de experiência no processo analítico, afirmando:

> *[a noção de experiência] percorre com insistência a obra de Winnicott: desde a breve experiência de onipotência do encontrar-criar até a experiência da cultura; desde a área transicional como "área intermediária da experiência, para a qual não se coloca a questão de saber se ela pertence à realidade interna ou à realidade externa (compartilhada)" até o medo do colapso (fear of break down), como um medo de um acontecimento passado que ainda não foi experienciado"; passando pela experiência de ficar só quando mais alguém está presente*[16].

Thomas Ogden, em seu artigo "Ontological psychoanalysis or 'what do you want to be when you grow up?'"[17], refere-se a dois modos e/ou objetivos do método de tratamento psicanalítico (entender e experienciar), caracterizando o primeiro como sendo uma psicanálise epistemológica (tendo em Freud e Klein seus principais representantes) e o segundo como uma psicanálise ontológica (tendo em Bion e Winnicott seus expoentes):

---

14 Especificamente: Girard 2010; Ogden 2019, 2021.

15 Fulgencio 2007, 2015; Girard 2010, 2017.

16 Girard 2010, pp. 226-227.

17 Ogden 2019.

> *Da maneira como estou usando o termo, 'psicanálise epistemológica' refere-se ao processo de adquirir conhecimentos e de chegar a entendimentos sobre o paciente, particularmente acerca de seu mundo interno inconsciente e de sua forma de se relacionar como mundo externo. Esses entendimentos servem para organizar a experiência e têm valor quando se lida com os problemas emocionais do paciente, quando se procura obter mudanças psíquicas. As interpretações do analista buscam promover o entendimento das fantasias inconscientes do paciente, bem como de seus desejos, medos, impulsos, conflitos, aspirações, e assim por diante. [...] Por sua vez, o termo 'psicanálise ontológica', como o uso, refere-se a uma dimensão da psicanálise na qual o propósito do analista é facilitar os esforços do paciente por tornar-se mais si mesmo. [...] Na psicanálise ontológica, o conhecimento adquirido por paciente e analista não é o ponto central; pelo contrário, trata-se da experiência do paciente que "chegará à compreensão criativamente, e com imensa alegria", experiência a qual ele está engajado não predominantemente por buscar autoentendimento, mas por estar num processo de tornar-se mais plenamente si mesmo.*[18]

Considerando esse cenário, vou elencar abaixo algumas das principais experiências do self, passíveis de serem vividas nos processos analíticos, visando à integração e ao desenvolvimento emocional, dado que, nessa perspectiva, o processo psicoterapêutico psicanalítico visa desobstruir o desenvolvimento. Essa descrição refere-se, pois, às experiências que têm valor por si mesmas (ainda que possam ser, evidentemente, acompanhadas do entendimento sobre o que elas representam na história de vida dos pacientes), a saber:

---

18 Ogden 2020, p. 25.

- a experiência da confiabilidade que se mostra estável no *setting* analítico, especialmente no que diz respeito à presença afetiva do analista;
- a experiência de ser visto e ser entendido;
- a experiência de poder ter "fé em ...", que se dá pelo processo contínuo de ser visto, ser ouvido, ser sustentado para poder expressar-se, experimentar-se, tendo a experiência de encontrar no mundo algo que lhe diz respeito, algo que lhe serve, proporcionando o sentimento de que "há esperança de encontrar algo no mundo que lhe diga respeito", logo, a experiência de recuperar a esperança de ter um lugar no mundo (para si, para as relações inter-humanas, para encontrar no mundo algo que sirva ao self);
- a experiência da sustentação ambiental, sem que o paciente tenha que se preocupar ou mesmo perceber o ambiente que o sustenta. Tal como o bebê pode experimentar, no início, se o ambiente for suficientemente bom para atender às suas necessidades – o que é descrito por Winnicott como sendo a relação com os objetos subjetivos –, modo de relação que se repete no processo analítico quando o analista está no lugar dos objetos subjetivos. Trata-se da experiência de não ter que preocupar ou ocupar do ambiente (e do analista), que é sinônimo de poder ser cuidado sem ter que cuidar;
- a experiência de comunicar-se com o analista na mesma dinâmica dos fenômenos transicionais, o que poderia ser expresso na possibilidade de brincar. A ação de brincar, incluindo ou não o analista, leva ao encontro de si mesmo, do outro e do mundo;
- a experiência de apreender a si e ao outro como dois (o que também é denominado de processo de subjetivação) e a de apreender-se como sendo diferente do outro, diferente do mundo não-eu, na conquista da distinção Eu-Não Eu;
- em continuidade (no processo de desenvolvimento, mas não necessariamente ocorrendo em termos de continuidade cronológica), temos a experiência de poder integrar os impulsos amorosos

e destrutivos em si mesmo e no outro, a de integrar a vida instintual no self, o que aponta para a tarefa, necessária, mas difícil, de integrar a vida instintual como algo que é sentido e administrado como advindo do próprio self (na apreensão da unidade psicossomática da existência). Cabe lembrar que, no início do desenvolvimento emocional, a vida instintual (as pressões instintuais) é vivida como advindo de fora do self, o que, no processo de desenvolvimento-amadurecimento-integração passa, na saúde, pelo momento em que esta vida instintual passa a ser sentida como advindo do próprio self e se realizando no mundo, nas relações consigo e com os outros;

- como parte do processo integrativo já comentados, temos um outro aspecto da integração que diz respeito ao que se pode considerar como sendo a realização *ciclo benigno*. Trata-se de ter a experiência de que algo falhou ou foi destruído e/ou ferido ou machucado, mas que a relação afetiva e de confiabilidade sobrevive e pode, assim, ser reparada – tanto animado e causado inicialmente pelo analista (uma falha do analista, que o analista se ocupa em reconhecer e fazer o que for possível para repará-la) quanto impulsionado pelas ações e/ou pensamentos e sentimentos do paciente, dirigidas ao analista e ao *setting* do tratamento –, ou seja, o ciclo *destruir-sobreviver-reparar* é vivido. Evidentemente, isto exige, por um lado, que o paciente, chegue ou alcance a possibilidade de realizar o ciclo inteiro, e por outro, que o analista possa contribuir positivamente para isto, sobrevivendo em termos afetivos (não se ausentando e não retaliando), fornecendo, assim, a sustentação ambiental para que o paciente possa experimentar todas as fases e dinâmicas do ciclo, realizando o ciclo inteiro, de modo que o paciente adquire, na realização dessa experiência de realizar o ciclo benigno completo (e mais de uma vez), uma confiança em si mesmo e no outro, uma confiança-esperança no viver-com-o-outro;

- a experiência de integrar-se e apreender-se como pessoa inteira (*whole person*) que apreende os outros como pessoas inteiras e, nessa dinâmica, realizar de forma mais integral todos os processos projetivos, introjetivos, identificatórios, bem como, ainda nessa condição, administrar a vida instintual nas relações interpessoais;
- a experiência de *descongelar uma situação traumática* de algo que, no passado, aniquilou o self, e não pode, portanto, ser incluída como uma experiência do self. Winnicott diz: algo que foi vivido, mas não foi experienciado. Com o self fortalecido ou com um ambiente que possa proteger e sustentar o self, o que foi "assim guardado" pode ser descongelado e integrado no campo do self e, nesse sentido, reconhecido como parte de sua história;
- a compreensão da experiência da *repetição* ou da *compulsão à repetição* como um comportamento que visa retornar ao momento logo anterior à situação que aniquilou ou feriu o self, buscando, dessa vez, evitar que a catástrofe ocorra e, nesse sentido, torne possível ultrapassar a situação e não mais repeti-la. Ou seja, paradoxalmente, *repete-se para deixar de repetir.* A possibilidade de ser bem-sucedido na repetição, agora com a sustentação do ambiente psicoterapêutico, fornece mais do que o entendimento, fornece a possibilidade de desfazer, pela experiência real, a necessidade de repetir;
- por fim, mas não por último, o processo psicanalítico possibilita fazer todos os tipos de experiência com relação aos diversos modos de finitude e, então, entrar esse acontecimento na história do self.

Ainda que esta não seja uma lista exaustiva, pode-se apreender que estamos nos referindo à experiência vivida como caminho necessário ao processo de cura psicanalítico, experiência que, por sua vez, deve ser necessariamente acompanhada da significação de tais experiências.

A ética do cuidado para Winnicott é uma ética da comunicação, do deixar e possibilitar ser

A ética do cuidado na psicanálise, do ponto de vista de Winnicott, é uma ética da comunicação, do encontro, da possibilidade de dar sustentação ambiental para que o paciente possa experimentar ser a partir de si mesmo. É notável que Winnicott refira-se ao brincar como um tipo de protótipo do método psicanalítico: "é a brincadeira que é universal e que pertence ao âmbito da saúde; o brincar promove o crescimento e, portanto, a saúde; brincar leva aos relacionamentos grupais; brincar pode ser uma forma de comunicação na psicoterapia"[19]. O brincar ao qual se refere Winnicott não se reduz a dar risada, ter bom humor ou fazer algum jogo com o paciente, mas à atividade de encontro e comunicação profunda entre os seres humanos[20].

Retomando diversos momentos em que Winnicott caracteriza o método de tratamento psicanalítico, ele diz que a psicanálise torna possível ao paciente tratar de sua história, ocupando-se de uma coisa de cada vez; o tratamento corresponde à realização de uma anamnese prolongada, uma coleta de histórias, tendo a terapêutica como um subproduto; e, fundamentalmente, a terapia deve ocorrer na conjunção da área de brincar do analista e do paciente[21].

Cabe ao analista ser presente e dar a sustentação necessária para que o paciente possa ser a partir de si mesmo (a brincadeira é do paciente), na medida necessária ao paciente, sem adiantar-se, sem fazer pelo paciente, de modo a poder, ao final do tratamento psicanalítico, ser esquecido pelo paciente, tal como se abandona o objeto transicional... Todas as conquistas do paciente, se tudo correr bem, serão vividas pelo paciente como sendo frutos de seus esforços.

---

19 Winnicott 1968i, p. 74.

20 Sobre o que é *brincar* em Winnicott, ver: Cameli 2021; Lenormand 2018; Saragnano & Seulin 2015.

21 Cf. Fulgencio 2020c.

Retoma-se, aqui, a ética do cuidado analítico, ética da sustentação ambiental na medida suficientemente boa para que o paciente possa ser a partir de si mesmo, encontrar a si mesmo, encontrar um lugar para viver.

Durante o processo (ou tratamento), o analista deve ser uma provisão ambiental ativa, para que, vagarosamente, o paciente o use e, usando-o, comece a necessitar cada vez menos dessa presença e então, também vagarosamente, ser deixado de lado, com o paciente indo para o mundo, tal como ocorre com o destino dos objetos transicionais.

Cabe ao analista, para cuidar de si mesmo como analista, por um lado, poder deixar-se apagar e deixar de ter uma importância atual grande (cada vez mais apagada) para o paciente e, sendo deixado, poder dedicar-se a suas outras crianças (dado que cuidamos da parte infantil de nossos pacientes), poder receber outra criança que precisa *brincar* de ser.

2. A compulsão à repetição como um impulso para a reparação[1]

A compulsão à repetição é um fenômeno clínico que todo analista é forçado a enfrentar: repete-se o mesmo tipo de sofrimento, de trauma, de caminho que leva, quase que necessariamente, às catástrofes existenciais. Freud já reconhecera esse fenômeno, referindo-se a um *destino demoníaco* que parecia assombrar alguns de seus pacientes. Nas suas dificuldades para explicar o que ocorria nessas situações, não conseguindo enxergar o fundamento dessas catástrofes na vida de seus pacientes, supôs (ou, melhor, especulou) a existência da pulsão de morte, uma tendência universal para descarregar excitações que, talvez, pudesse jogar alguma luz na patológica repetição sem sentido existencial visível. No entanto, Winnicott avalia a pulsão de morte como sendo o único *erro* de Freud[2], como um conceito que

1 Texto escrito e reelaborado a partir do artigo "Compulsão à repetição e regressão à dependência em Winnicott", publicado em 2011, na *Revista Latinoamericana de Psicopatologia Fundamental*, *14*(1), 96-109. Agradeço à Revista a autorização para republicar parcialmente este texto.

2 Winnicott 1987b, p. 42.

obscurece o pensamento, como algo que dá a ilusão de explicar quando nada explica, enfim, um conceito a ser abandonado[3].

Opiniões, todos podem ter e nunca nos cabe discutir opiniões, mas esta não uma opinião, e sim uma avaliação sobre a realidade, uma avaliação sobre a validade heurística (ou utilidade) desse conceito para resolução de um dos problemas (a compulsão à repetição) para o qual ele foi proposto auxiliar na solução. Ou seja, Winnicott afirma que não é esta a solução para o *entendimento* do que é a compulsão à repetição.[4]

Na ciência, é preferível uma solução "meia-boca" do que nenhuma solução, e Freud sabe que a pulsão de morte é uma solução especulativa desajeitada, mas que ele não conseguiu substituir. Cabe-nos, então, mostrar aqui qual alternativa Winnicott deu para esse problema e se estamos mais equipados para cuidar desse fenômeno clínico da maneira como ele propôs. É isso que pretendo analisar a seguir.

A compulsão à repetição para Freud

Freud toma a situação na qual uma criança repete uma brincadeira com um carretel (fazendo-o desaparecer e aparecer, a seu comando, no seu campo de visão), como um protótipo da atividade do brincar, mas também como um modelo para explicar a repetição de uma

---

3 Winnicott 1989xa, p. 242.

4 O uso dos termos *explicação* e *compreensão* correspondem a uma escolha epistemológica. George Henrik Von Wright (1971), no seu livro *Explanation and Understanding*, faz uma distinção entre a procura de *explicações* – referindo-se à procura de relações causais para explicar os movimentos (por exemplo, as explicações de causas que levam uma máquina a funcionar de tal e tal maneira, numa sequência finita e sem lacunas de relações de determinação entre suas partes) – e de *compreensões* – referindo-se à procura dos sentidos, intenções, que estariam colocados como estado na gênese dos movimentos (por exemplo, no que se refere às ações humanas ou do ser vivo como movidas por sentidos ou intenções, e não como uma sequência de causas e efeitos do tipo mecânico ou dinâmico).

situação traumática (a mãe desaparece) vivida passivamente, numa encenação dessa mesma situação, agora experimentada sob seu controle, de forma ativa, e não mais passiva[5]. Ao comentar sobre o que ocorre com os neuróticos de guerra, com os pesadelos que se repetem, ao "destino demoníaco" (que leva alguns indivíduos a repetirem inúmeras vezes o mesmo tipo de sofrimento), ele também considera que, em todos os casos, trata-se de uma repetição de situações traumáticas, mais ou menos explícitas, que visam a livrar a pessoa de uma situação que permanece como uma excitação não descarregada no interior do aparelho psíquico.

A "compulsão à repetição" seria a expressão metapsicológica de uma tendência para um retorno à situação traumática, ela mesma, visando uma descarga de excitação não ocorrida.

A compulsão à repetição para Winnicott

Ao caracterizar como funcionaria o tratamento psicanalítico, Winnicott diz:

> *No exemplo mais simples possível, uma pessoa que está sendo analisada consegue corrigir uma experiência passada, ou uma experiência imaginária, ao revivê-la em condições simplificadas nas quais a dor pode ser tolerada porque está distribuída ao longo de um período de tempo; tomada, por assim dizer, em pequenas doses, num meio ambiente emocional controlado.*[6]

Ele considera que o tratamento consiste em dar condições para que o paciente possa cuidar do seu passado traumático, retomando

5 Freud 1920g, pp. 284-285.

6 Winnicott 1945d, p. 36.

uma coisa de cada vez[7]. O objetivo a ser alcançado é o desenvolvimento (integração) dos diversos aspectos existenciais da personalidade, a integração como pessoa inteira (*whole person*), integração que na saúde significa um estado de independência relativa, de possibilidade de adaptação ao mundo exterior sem perda demasiada da espontaneidade: "O principal é que o homem ou a mulher sintam que *estão vivendo a própria vida*, assumindo a responsabilidade pela ação ou pela inatividade, e sejam capazes de assumir o crédito pelo sucesso e a culpa pelas falhas".[8] É com esse *telos* em mente que poderemos entender como Winnicott soluciona o problema da repetição sem hipotetizar uma *compulsão à repetição* (construção auxiliar de natureza metapsicológica).

As únicas duas vezes que Winnicott usa a expressão "compulsão à repetição" correspondem a comentários laterais, que não a tomam como um operador teórico significativo, remetendo esse tipo de dinâmica de funcionamento psicoafetivo muito mais à questão da necessidade de regressão do que a expressão da "pulsão de morte".

Em 1955, em "Aspectos clínicos e metapsicológicos da regressão no contexto analítico", Winnicott diz:

> *Um exemplo simples seria o do menino cuja primeira infância havia sido normal, e ao qual, por ocasião de sua cirurgia de remoção das amígdalas, foi aplicado um enema – inicialmente por sua mãe e depois por um grupo de enfermeiras que tiveram que segurá-lo a força. Tinha então dois anos de idade. Posteriormente teve problemas intestinais, e aos nove anos (idade da consulta) apresenta-se clinicamente como um caso grave de constipação.*

---

7 Winnicott 1958f, p. 354.

8 Winnicott 1971f, p. 29. Para uma compreensão descritiva e teórica do processo de desenvolvimento emocional do ponto de vista de Winnicott, também denominada a teoria do desenvolvimento do ser, ver Fulgencio 2020c.

> *Entrementes, havia ocorrido uma séria interferência em seu desenvolvimento emocional no âmbito das fantasias genitais. Nesse caso aconteceu uma complicação, pois o menino reagiu ao enema como se tivesse sido uma vingança de sua mãe por sua homossexualidade, o que acabou por reprimir a homossexualidade e junto com ela, o potencial de erotismo anal. Na análise desse menino, poderíamos esperar a ocorrência de atuações com as quais seria necessário lidar, uma compulsão a repetição associada ao trauma original. Está claro também que as mudanças no menino não acompanharão a simples reencenação do trauma, mas sim a interpretação do complexo de Édipo comum dentro da neurose de transferência.*[9]

Aqui, trata-se de uma criança já desenvolvida em termos emocionais a ponto de ter um eu integrado que pode estabelecer relações interpessoais no quadro do cenário edípico. Pode-se esperar que, para Winnicott, no tratamento desse menino, podem ocorrer atuações impulsionadas pela necessidade de retomar o trauma original, não apenas para reencená-lo, repetindo a cena traumática, mas de reviver essas relações traumáticas de outro modo que não seja traumático, que não leve a construção das defesas tal como ocorreu no passado. A isso, Winnicott caracterizou como "interpretação do complexo de Édipo comum dentro da neurose de transferência". A maneira de reinterpretar (experienciar) o complexo de Édipo na relação analítica pode, então, estar acompanhada de atuações desse menino, mas o objetivo não é explicitado metapsicologicamente como tendência para descarregar uma tensão, e sim como uma necessidade de recolocar-se nas relações interpessoais ou, dizendo de outra maneira, trata-se da necessidade de interpretar o passado integrando-o na história do paciente, tornando, então, o passado efetivamente num passado.

9 Winnicott 1955d, pp. 468-469.

Winnicott, na sua resenha sobre o livro de Fairbairn, *Psychoanalytic studies of the psychoanalysis*, escrita em parceria com Masud Khan, se refere à compulsão à repetição como uma necessidade do paciente de retomar a situação penosa em condições de poder integrá-la na sua área de controle:

> *É possível obter algo do trabalho de Fairbairn sobre os sonhos, considerando o relacionamento de seu conceito de introjeção do objeto mau ao trabalho de Freud sobre a compulsão à repetição. Se o objeto mau introjetado (a fim de ser coagido ou controlado) constitui uma experiência penosa, isto é, algo percebido, mas não tolerado, então a experiência introjetada repetidamente clama por atenção e dá origem a um tipo específico de sonho. O conceito de compulsão à repetição nos faz atravessar período que precisamos para a compreensão de que, para chegar atrás da compulsão à repetição, o paciente tem de redescobrir a situação penosa externa tal como foi originalmente percebida, embora na ocasião não pudesse ser tolerada como um fenômeno situado fora do controle onipotente.*[10]

É fundamental salientar que Winnicott, nessa resenha, está criticando Fairbairn por não ter considerado adequadamente a imaturidade do bebê, que não teria a possibilidade de relacionar-se com objetos bons ou maus, o que só seria possível, para Winnicott, se cuidados suficientemente bons tivessem sido dados na primeira infância, levando a criança à maturidade que caracteriza a integração da pessoa como uma unidade e a possibilidade de estabelecer relacionamentos também com pessoas inteiras[11]. Winnicott avalia que a situação à qual Fairbairn está se referindo é a situação inicial na qual

10 Winnicott 1953i, p. 318.

11 Winnicott 1953i, p. 318.

há um bebê que não pode, ainda, diferenciar entre si mesmo e os objetos[12]. É por isso que ele diz ser necessário ir para trás do período em que pensamos em pessoas inteiras. É a compreensão desse período que nos possibilitará entender o que ele quer dizer com colocar a situação penosa dentro do controle onipotente.

Para saber o que Winnicott entende por "fora e dentro do controle onipotente", é necessário explicar:

1. O que ele considera a situação de ilusão de onipotência vivida no período mais primitivo do desenvolvimento, caracterizada também como sendo a fase da dependência absoluta ou da primeira mamada teórica.
2. A questão da maturidade pessoal (afetiva e cognitiva) necessária para que os acontecimentos vividos possam ser efetivamente experienciados (registrados, diferenciados, catalogados, relacionados e colocados em relação com outros elementos vivenciados pelo self), em cada uma das idades ou maturidades.

Winnicott, reconhecendo a profunda imaturidade do bebê, diz que no início não há lugar para uma realidade não self[13]; disso decorre que, do ponto de vista do bebê, é ele que cria aquilo que atende às suas necessidades, ainda que faça parte dessa imaturidade não saber exatamente o que se quer ou se precisa. Winnicott diz: "Não é possível dizer que, a princípio, o bebê sabe o que deve ser criado"[14]. O bebê, então, procura algo em algum lugar, a partir de suas necessidades. Nesse momento inicial, o bebê "está preparado para encontrar algo em algum lugar, mas sem saber o quê"[15], em virtude de sua imaturidade. Winnicott diz que, nessa situação inicial, "o bebê está

12 Winnicott 1953i, p. 320.
13 Winnicott 1988, caps. IV e V.
14 Winnicott 1953c, p. 31.
15 Winnicott 1988, p. 120.

pronto para criar, e a mãe torna possível para o bebê ter a ilusão de que o seio, e aquilo que o seio significa, foram criados pelo impulso originado na necessidade"[16].

Do ponto de vista do observador, o mundo é oferecido ao bebê, mas do ponto de vista do bebê, o mundo é criado[17]. A adaptação ambiental fornece a ilusão de que, de suas necessidades, decorre – como uma consequência que nem mesmo precisa de uma ação específica do bebê – o surgimento de um objeto adequado para satisfazê-las.

Para o bebê, os objetos advêm diretamente de suas necessidades, como se delas fossem criados, ainda que, do ponto de vista do observador, uma miríade de adaptações do ambiente esteja em jogo. Do seu ponto de vista, o bebê mama em si mesmo: "Psicologicamente, o bebê mama de um peito que é parte dele"[18].

Winnicott sabe que há uma divergência entre o que foi criado e o que foi oferecido, mas, do ponto de vista do bebê, isso não tem importância:

> *Obviamente, na condição de filósofos sofisticados, sabemos que aquilo que o bebê criou não foi aquilo que a mãe forneceu, mas a mãe, por sua adaptação extremamente delicada às necessidades (emocionais) do bebê, está em condições de permitir que ele tenha esta ilusão.*[19]

É essa situação, na qual os objetos surgem como decorrência das necessidades do bebê – sem que ele tenha nem mesmo que fazer a ação (sentida como uma ação como tal) de criar os objetos – que Winnicott caracteriza como uma experiência de ilusão de onipotência.

16 Winnicott 1988, p. 121.
17 Winnicott 1988, p. 131.
18 Winnicott 1953c, p. 31.
19 Winnicott 1988, p. 121.

Tudo o que ocorre nessa fase, fora desse quadro adaptativo do ambiente "suficientemente bom" (ou seja, do ambiente que realiza essa comunicação e a apresentação adequada de objetos às necessidades do bebê, num espaço de tempo que não decepciona o bebê na sua procura), estaria fora do controle onipotente do bebê, destruindo sua ilusão de onipotência e obrigando a reagir.

É justamente essa ilusão que fornece a base para que a realidade externa possa ser reconhecida e aceita como tal: "O reconhecimento gradual que o bebê faz da ausência de um controle mágico sobre a realidade externa tem como base a onipotência inicial transformada em fato pela técnica adaptativa da mãe"[20]. Certamente, quando ele diz que um paciente precisa voltar a uma área de controle onipotente, é em relação a esta área da ilusão de onipotência que ele está se referindo.

Na continuidade do processo de desenvolvimento sustentado pelo ambiente, essa experiência de onipotência deixa de ser o padrão de relação com a realidade, ou seja, dessa realidade totalmente subjetiva do início, o bebê, na saúde, passa a relacionar-se com uma realidade transicional (a dos fenômenos e objetos transicionais) em direção à integração que permite o reconhecimento de uma realidade não-Eu objetivamente dada. A onipotência é perdida ou destruída, mas a ilusão de relacionar-se com um mundo que diz respeito a ele, um mundo que ele pode operar a partir dele mesmo, permanece[21]. Na saúde, essa área da ilusão, área dos fenômenos subjetivos, pode ser sobreposta à área objetiva da realidade externa, pode ser vivida em conjunção com a realidade criada-encontrada dos fenômenos transicionais. É justamente porque o indivíduo teve a experiência de onipotência (cujas conquistas dizem respeito à temporalização, espacialização, alojamento da psique no corpo, origem

20 Winnicott 1988, p. 126.

21 Winnicott 1988, p. 131.

da constituição do si mesmo, desenvolvimento da capacidade de ter "fé em ...", sentimento de ser real, de confiança no mundo etc.) que ele teria conquistado uma capacidade inicial para começar a lidar com uma realidade não self.

Com o desenvolvimento socioemocional do bebê e/ou da criança também surgem outras conquistas, as quais dependerão certamente da sustentação ambiental. A integração contínua implica aumento nas capacidades de lidar com os diversos tipos de realidade (a subjetiva, a transicional e a objetivamente dada), o que implica dizer que, em cada ponto desse processo, há também limites na capacidade de lidar com o mundo. Da mesma maneira que nós, adultos, temos limites, por exemplo, na nossa capacidade imaginativa (tentem imaginar objetivamente 1.932.437,8 bolas de bilhar), o bebê e/ou a criança também os teria.

Quando alguma coisa ocorre para além dessa capacidade, o que certamente dependerá de cada pessoa em cada momento e em cada ambiente específico, então teríamos uma quebra na continuidade do ser, teríamos um acontecimento que interrompe o processo de desenvolvimento. Certamente isto tem consequências díspares se tal fato ocorre no início do processo ou mais para a frente no processo de desenvolvimento.

Consideremos uma falha do ambiente num momento precoce do desenvolvimento: algo acontece, mas não existe a capacidade, por falta de sustentação ambiental ou por imaturidade, de esse vivido ser abarcado pela pessoa. Esse tipo de acontecimento, onde algo foi vivido, mas não foi experienciado, é comentado por Winnicott no artigo "O medo do colapso":

> *Segundo minha experiência, existem momentos em que se precisa dizer a um paciente que o colapso, do qual o medo destrói-lhe a vida, já aconteceu. Trata-se de um fato que se carrega consigo, escondido no inconsciente...*

> *Neste contexto especial, o inconsciente quer dizer que a integração do ego não é capaz de abranger algo. O ego é imaturo demais para reunir todos os fenômenos dentro da área da onipotência pessoal.*[22]

Nessas condições, o que foi vivido não foi experienciado, ficando, por assim dizer, "guardado" ou "congelado", à espera de melhores condições ambientais e pessoais para ser, então, de fato experienciado e, então, integrado à personalidade. Winnicott diz, nesses casos, que algo do passado não foi vivido e o paciente procura esse não vivido no seu presente e no seu futuro: "Em outras palavras, o paciente tem de continuar procurando o detalhe passado que ainda não foi experienciado, e esta busca assume a forma de uma procura deste detalhe no futuro"[23]. Esse tipo de procura pode ser confundido com uma "compulsão à repetição", mas não é a repetição da situação traumática que está em jogo, e sim a regressão necessária para que uma experiência possa ser vivida e, então, com o self sobrevivendo à situação, agindo na integração do acontecimento traumático (agora, não mais traumático) na história de vida do paciente.

Para fornecer um conteúdo mais intuitivo a tal fato, em que algo ocorreu, mas não foi experienciado, Winnicott faz uma analogia com o que ocorre com o bulbo e a flor à qual dará origem:

> *Tentando encontrar uma analogia, vi um bulbo de jacinto a ser plantado em uma tigela. Pensei: há um odor maravilhoso trancado naquele bulbo, embora soubesse, naturalmente, não existir um lugar no bulbo em que o odor se ache trancado. A dissecação do bulbo não proporcionaria a quem a fizesse a experiência de uma fragrância de jacinto, se o lugar apropriado estivesse por ser alcançado.*

---

22 Winnicott 1974, p. 73.

23 Winnicott 1974, p. 73.

> *Apesar disso, existe no bulbo um potencial que acabará se tornando um perfume característico, quando a flor se abrir. Isto não passa de uma analogia, mas poderia transmitir um retrato do que estou tentando enunciar.*[24]

O descongelamento da situação da falha ambiental corresponde ao descongelamento das defesas e o retorno a uma fase anterior à da falha, para que, então, o desenvolvimento possa ser retomado[25] com um self que coloca o que ocorreu, agora, como algo do seu passado, algo que não mais o assombra como uma ameaça de aniquilação. A repetição visa a integrar o acontecimento passado num self intacto que reconhece (como memória) ter sido aniquilado no passado, mas que pode se recompor.

Repetição e regressão para Winnicott

Nesse quadro amplo que caracteriza a saúde, bem como a diferença entre a neurose e a psicose, caberia perguntar: de que tipo é a experiência traumática a ser retomada? Que tipo de defesas estão disponíveis para lidar com as situações traumáticas e em quais momentos do desenvolvimento? Grosso modo, devemos distinguir duas situações: aquela dos pacientes que tiveram cuidados suficientemente bons na primeira infância e aqueles que não tiveram tais cuidados.[26]

Tanto num caso como no outro refere-se a, no tratamento, corrigir a experiência passada revivendo-a. Trata-se, pois, de explicar qual é o sentido disso para Winnicott. Ao diferenciar o tratamento de neuróticos e psicóticos, ele diz:

---

24 Winnicott 1989vl, pp. 99-10.

25 Winnicott 1988, p. 141.

26 Winnicott 1989vk, p. 96.

> *Deve ser assinalado que a análise da psicose de tipo esquizoide é essencialmente diferente da análise do psiconeurótico, porque a primeira exige que o analista seja capaz de suportar a regressão real à dependência, enquanto a segunda necessita de algo diferente: da capacidade para tolerar ideias e sentimentos (amor, ódio, ambivalência, etc.) e para compreender processos, e também para demonstrar essa compreensão pela expressão adequada através da linguagem (a interpretação daquilo que o paciente está justamente em condições de admitir conscientemente). Uma interpretação correta e oportuna no tratamento analítico produz uma sensação de estar sendo fisicamente seguro, que é mais real (para o não-psicótico) do que se ele estivesse sendo concretamente embalado ou posto no colo. A compreensão penetra mais fundo, e através da compreensão demonstrada pelo uso da linguagem, o analista embala o paciente fisicamente no passado, ou seja, na época em que havia necessidade de estar no colo, quando o amor significava adaptação e cuidados físicos.*[27]

Na neurose, o paciente alcançou a integração que torna possível relacionar-se consigo e com os outros como pessoas inteiras, vivendo tais relações no quadro do cenário edípico[28]. Na situação e na vivência do complexo de Édipo, a pessoa viverá conflitos e emoções relacionais que podem ser intoleráveis, levando-a a reprimi-las como um mecanismo de defesa, o que gerará um inconsciente reprimido que, por sua vez, permanece como uma situação presente "drenando recursos do Ego"[29].

---

27 Winnicott 1988, pp. 99-80.

28 Winnicott 1988, p. 67.

29 Winnicott 1988, p. 74.

Para Winnicott, a situação analítica com pacientes neuróticos não visa propriamente a reencenar a situação edípica traumática, mas interpretá-la, retomar o inconsciente reprimido de modo que o paciente possa experienciar o reprimido de uma maneira em que consiga diferenciar entre a realidade e a fantasia, tendo condições de sustentação ambiental que lhe deem a possibilidade de agir a partir de si mesmo (com um ego assim fortalecido) na reencenação das relações interpessoais na neurose de transferência. Não há nenhuma descarga sendo procurada, mas sim a busca da integração de efetivas relações interpessoais que, ao se atualizarem na experiência relacional com o analista, corrigem a experiência passada vivida como intolerável, como não integrável no seu ego total.

No entanto, esse tipo de paciente que tem a possibilidade de estabelecer relações interpessoais, reconhecendo-se a si mesmo e aos outros como pessoas inteiras, não abarca todos os casos, ao contrário, parece ser cada vez mais raro esse tipo de caso. Já em 1955, o próprio Winnicott comenta: "seria muito agradável se pudéssemos aceitar pacientes cujas mães foram capazes de proporcionar-lhes condições suficientemente boas no início e nos primeiros meses. Mas essa era da psicanálise vem rumando firmemente para um fim"[30].

Para esses pacientes que sofreram falhas ambientais significativas em momentos precoces do desenvolvimento, também é o caso de corrigir uma experiência traumática passada, mas, agora, a situação muda de foco, pois a atenção recai "no desenvolvimento do ego e na dependência, e nesse caso, quando falarmos de regressão, estaremos imediatamente falando da adaptação do ambiente com todos os seus êxitos e falhas".[31]

No seu artigo "Aspectos clínicos e metapsicológicos da regressão no contexto psicanalítico", Winnicott se refere à situação de regressão

30 Winnicott 1955d, p. 481.

31 Winnicott 1955d, p. 470.

à dependência como algo que só pode ocorrer se o paciente tiver uma organização egoica. Ele descreve, então, esse processo e suas condições, indicando tanto o que ocorreu na situação traumática quanto o que deve ocorrer idealmente na situação analítica[32]: no momento em que ocorreu uma falha do ambiente no passado, quando o paciente já havia conquistado certa integração do seu eu, este reage protegendo esse eu verdadeiro com o desenvolvimento de um falso eu para fazer frente à falha ambiental; nessas condições ocorre também o surgimento da esperança de que no futuro, quando encontrar uma situação ambiental confiável, ele poderá retomar a situação traumática para corrigir essa experiência; nesses casos, o paciente pode, então, retomar o seu desenvolvimento que havia sido interrompido.

Ao fazer esse tipo de descrição, Winnicott está introduzindo uma ideia nova na compreensão do processo de desenvolvimento: "a ideia de que é normal e saudável que o indivíduo seja capaz de defender o eu contra falhas ambientais específicas através do congelamento da situação da falha"[33]. A isto deve-se acrescentar que tal operação é acompanhada de uma concepção e uma esperança de que "em algum momento futuro haverá oportunidade para uma nova experiência, na qual a situação da falha poderá ser descongelada e revivida, com o indivíduo num estado de regressão dentro de um ambiente capaz de prover a adaptação adequada"[34]. No trabalho analítico trata-se, pois, de criar as condições de sustentação ambiental para que o paciente possa regredir em busca de corrigir uma experiência passada. Diz Winnicott:

> *A cura só chega se o paciente pode chegar à ansiedade em torno da qual as defesas foram organizadas. Pode haver muitas versões subsequentes disto, e o paciente chega a*

32 Winnicott 1955d, p. 475.

33 Winnicott 1955d, p. 467.

34 Winnicott 1955d, p. 467.

> *uma após outra, mas a cura só chega se o paciente atingir o estado original de colapso.*[35]

Nesses casos, quando o indivíduo regride, não é propriamente à situação da falha ambiental; ele regride à dependência, retomando uma situação anterior à da falha, o que possibilitaria que ele descongelasse suas defesas contra a falha ambiental, estando, assim, livre para retomar seu processo de desenvolvimento a partir de um ego fortalecido pela sustentação ambiental. Para Winnicott, o processo de tratamento psicanalítico precisa dar condições para que o paciente possa voltar a um "momento anterior àquele em que as intrusões se tornaram múltiplas e impossíveis de controlar"[36].

Winnicott[37] descreve esse processo afirmando a seguinte sequência de fatos clínicos: a situação de confiabilidade ambiental possibilita que o paciente regrida à dependência (do analista) percebendo o risco envolvido nessa regressão, e que isto faz o paciente sentir seu eu de uma maneira diferente, um eu que até então estava oculto em função da paralisação do seu processo de desenvolvimento no passado, e isso leva ao descongelamento da situação da falha original, as defesas são desfeitas tornando possível que o paciente possa continuar seu processo de desenvolvimento a partir dessa nova posição do seu eu (o que implica também a possibilidade de sentir raiva relativa à situação da antiga falha, sentida no presente e explicitada). Tudo isso possibilita a retomada do processo de desenvolvimento num processo organizado e protegido do *setting* analítico, tendo em vista a conquista de uma maior independência, chegando, então, a uma nova situação na qual as necessidades e os desejos instintuais são integrados como experienciáveis com vigor e vitalidade genuínos.

---

35 Winnicott 1989vk, p. 126.

36 Winnicott 1958f, p. 354.

37 Winnicott 1955d, p. 475.

O descongelamento da situação traumática não significa exatamente a repetição da situação traumática, mas uma regressão à situação de dependência que recoloca o eu (do paciente) numa situação anterior à situação traumática, em condições nas quais ele pode se desfazer das suas antigas defesas e retomar o processo de desenvolvimento integrando o que foi vivido no passado à sua pessoa total.

3. O tratamento do trauma para a psicanálise

Todos na vida acabam por se machucar, seja em termos físicos ou em termos psíquicos e emocionais. Isso faz parte das marcas que, junto com uma miríade de experiências, constituem o que somos, na direção da máxima nietzschiana *o que não me mata, torna-me mais forte.*[1] No entanto, há ferimentos que nos matam (não no corpo, mas na nossa integridade) e talvez só a estes devamos denominar *traumas existenciais*, inserindo já aqui uma distinção (importante para nossa análise) entre ser traumatizado e ser ferido.

No respeito a uma ética da terminologia, como procedimento necessário ao diálogo e ao entendimento, o ponto de partida deste capítulo será a caracterização fenomenológica, semântica e teórica do que é o trauma para, em seguida, nos perguntarmos o que ele gera ou pode gerar nas pessoas, que marcas deixa, que impulsos causa e quais seriam os modos de cuidar desse tipo de acontecimento e seus desdobramentos do ponto de vista do tratamento psicoterápico.

---

1 Nietzsche, Máximas e Sátiras 8, no livro *Crepúsculo dos ídolos*.

Dada a diversidade de abordagens dos que se ocupam de compreender o homem e seus traumas, vou tomar uma delas para servir de interlocutor visando, nesse diálogo, especificar com clareza o ponto de vista psicanalítico, mais propriamente o que se pode apreender das propostas por Winnicott. Para tanto, escolhi a proposta psiquiátrica-comportamental-cognitivista de Bessel Van Der Kolk, mesmo não sendo um psicanalista e tendo uma perspectiva mais próxima à dos neurocientistas e dos cognitivistas (ainda que seja difícil colocá-lo nessas categorias). Seu livro *O corpo guarda as marcas. Cérebro, mente e corpo na cura do trauma*[2] é um *best-seller*, escrito numa linguagem simples e de fácil acesso ao grande público, o que o faz ser muito claro e preciso nas suas descrições fenomenológicas e na caracterização de suas propostas terapêuticas. Tomá-lo como um interlocutor, com suas posições que diferem do ponto de vista psicanalítico, pode nos ajudar a tornar ambas mais claras.

A perspectiva de Besel Van Der Kolk

Ao procurar caracterizar o que é um trauma, Kolk procura fazê-lo pelos efeitos que gera, caracterizando-o como um acontecimento insuportável (estupro, soldados numa guerra, molestação sexual infantil, dentre outros que teriam a mesma intensidade) que deixa marcas no corpo, na mente e na alma dos indivíduos, como:

> *a sensação de pressão no peito, que se pode chamar de ansiedade ou depressão; o medo de perder o controle; a vigilância constante contra o perigo ou a rejeição; o autodesprezo; os pesadelos e os flashbacks; o nevoeiro que impede o encerramento de uma tarefa ou se concentrar plenamente no que está fazendo; a incapacidade de abrir o coração por inteiro.*[3]

---

2 Kolk 2014.

3 Kolk 2014, p. 242.

O trauma destrói o sujeito, rouba a sensação de domínio de si e de estar na direção da própria vida; ele insere marcas sempre prontas a serem lembradas, como se fossem *sirenes de alarme interno* que se fazem mais ou menos presentes, colocando o indivíduo em constante estado de tensão, medo e inibição... *O perigo espreita*! Muitos procuram "esquecer" o trauma, ou ainda, portam-se como se nada tivesse acontecido. No entanto, essa não é uma tarefa fácil e, até mesmo, tem grandes dificuldades em ter sucesso. Diz Kolk, nesse sentido:

> *Embora todos desejem deixar o trauma para trás, a parte do cérebro dedicada a garantir a sobrevivência (situada abaixo do cérebro racional) não lida muito bem com a negação. Uma experiência traumática pode se reativar ao menor sinal de perigo, mesmo muito tempo depois de ela ter acontecido, mobilizando circuitos cerebrais prejudicados e produzindo uma quantidade absurda de hormônios do estresse. Surgem então emoções desagradáveis, sensações físicas intensas e ações impulsivas e agressivas. Tais reações pós-traumáticas se mostram incompreensíveis e avassaladoras. Sentindo-se descontroladas, com frequência as pessoas acreditam sofrer de lesões profundas e irreversíveis.*[4]

Por um lado, para Kolk, o passado não pode ser desfeito; o que aconteceu deixou suas marcas e, de um modo ou de outro, os indivíduos terão que lidar com essas marcas, terão que encontrar uma maneira de mitigar esse tipo de acontecimento e seus efeitos. Nessa direção, para ele, para tratar desse tipo de catástrofe existencial que torna a vida difícil de ser vivida, impossibilitando pensar e relacionar-se com os outros (sentindo-se arrasado, sucumbindo à raiva, à vergonha ou ao próprio colapso de si mesmo), será necessário recuperar o que foi destruído no sujeito pelo evento traumático: recuperar a sua

4 Kolk 2014, p. 10.

confiança em si mesmo, sua possibilidade de viver sem estar o tempo todo, como se diz, com "o coração na mão". A pergunta é: como fazer isso? Ele responde que, para não se deixar aniquilar pelo trauma, o indivíduo tem que aprender a manter-se tranquilo ao reagir a imagens, pensamentos, sons e sensações físicas que lembram o passado, seja pela construção de novos hábitos, seja pelo controle de si mesmo. Ele diz, em termos descritivos, que para isso o indivíduo precisará alcançar as seguintes metas:

> 1. *encontrar um meio de ficar calmo e focado;*
> 2. *buscar uma maneira de estar plenamente vivo no presente e envolvido com as pessoas ao redor;*
> 3. *e não precisar esconder segredos de si mesmo, inclusive segredos sobre os artifícios usados para sobreviver.*[5]

Kolk considera que "ultrapassar o trauma" é uma tarefa a ser conseguida pelo *controle de si mesmo*, o que ele denomina como a aquisição ou reaquisição de uma *autoliderança*. Trata-se, para ele, de contribuir para que as pessoas possam: "entender e controlar as emoções . . . aprendam autoliderança e adquiram um *lócus* interno de controle"[6]; "princípios básicos das intervenções voltadas para o trauma podem ser transcritos em rotinas e abordagens diárias"[7]. Diz ele, nessa direção: "nossa prioridade é ajudar a pessoa a abandonar a reação de lutar ou fugir, ajudar a reorganizar sua percepção do perigo e administrar relacionamentos"[8]. Ao referir-se a crianças traumatizadas, ele diz:

---

5 Kolk 2014, p. 243.
6 Kolk, 2014, p. 417.
7 Kolk 2014, p. 418.
8 Kolk 2014, p. 414.

> *A autorregulação emocional pode ser ensinada a muitas crianças que oscilam entre a realidade frenética e a imobilidade. Além de ler, escrever e fazer contas, todas as crianças precisam aprender autoconhecimento, autorregulação emocional e comunicação. Da mesma forma que se ensina história e geografia, é preciso ensinar como funciona o cérebro e o corpo. Tanto para adultos como para crianças, autocontrole exige conhecer bem nosso mundo interior e identificar com clareza o que nos intimida, aborrece ou agrada.*[9]

Esse controle, por sua vez, parece se referir àquilo que a nossa consciência pode fazer, nossa mente pode realizar na apreensão de nós mesmos, da nossa realidade e do mundo exterior.

Para que isso ocorra, Kolk indica uma série de atividades e procedimentos que levariam ao fortalecimento do self para que possa agir dessa maneira: ioga, massagem, atividades em grupo, atividades de colaboração com o outro nas quais a confiança e a previsibilidade estejam presentes, atividades lúdicas que exerçam a possibilidade de domínio e controle das ações motoras e relacionais, atividades de reflexão sobre si mesmo e sobre os valores morais e éticos etc. Kolk faz afirmações do tipo: "Crianças e adultos fazem qualquer coisa pelas pessoas em quem confiam e cuja opinião valorizam"[10]; "as pessoas podem aprender a se controlar e a alterar comportamentos, mas apenas quando se sentem seguras para tentar novas soluções"[11]; "as escolas podem funcionar como ilhas de segurança num mundo caótico"[12]; "ter condições de se sentir seguro com outras pessoas é o que melhor define a saúde

---

9 Kolk 2014, p. 420.

10 Kolk 2014, p. 416.

11 Kolk 2014, p. 414.

12 Kolk 2014, p. 417.

mental"[13]; "identificar a verdade de uma experiência é essencial para a cura do trauma"[14]; "previsibilidade e clareza de expectativas são cruciais; coerência é essencial"[15]. E ainda:

> *Tentamos ensinar a todos os integrantes da comunidade escolar – funcionários, diretores, motoristas de ônibus, professores e atendentes de cantina – a reconhecer e compreender os efeitos do trauma . . . e se concentrar na importância de se fomentar a segurança, a previsibilidade e a condição de ser visto e reconhecido.*[16]

A meu ver, esse conjunto de orientações e necessidades de ação e relação valem também para todos os tipos de comunidade, grupo ou instituição e, até mesmo para o cuidado psicoterapêutico, que tentam, desse ponto de vista, cuidar dos traumatizados para que possam ultrapassar o trauma.

Por um lado, ele reconhece que há (registrado no corpo) determinados modos de reagir à situação traumática e tudo aquilo que pode fazer lembrar a situação traumática (mesmo que de forma irracional), e que isso funciona como se fossem modos de reação automáticos que agem mesmo que não exista mais o perigo possível ou eminente de algo traumático: "Nosso objetivo com todas essas iniciativas é transportar a ciência cerebral para a prática cotidiana".[17] É nesse sentido que Kolk, reconhecendo que o trauma causa mudanças reais no cérebro, propõe três grandes modos de tratamento para reverter os danos causados pelos traumas:

---

13 Kolk 2014, p. 418.

14 Kolk 2014, p. 419.

15 Kolk 2014, p. 419.

16 Kolk 2014, p. 418.

17 Kolk 2014, p. 11.

1. *de cima para baixo, através da conversa, (re) fazendo o contato com outras pessoas e nos permitindo conhecer e compreender o que está acontecendo conosco, ao mesmo tempo que as lembranças do trauma são processadas;*
2. *uso de medicamentos que impedem o modo como o cérebro organiza as informações;*
3. *e de baixo para cima, permitindo que o corpo tenha experiências que respondam de maneira profunda e visceral à impotência, à raiva ou ao colapso resultante do trauma.*[18]

Descrevendo, então, as diversas formas de tratamento utilizadas por sua equipe, Kolk se refere a: "prescrição de medicamentos, terapia pela palavra, à ioga, dessensibilização e reprocessamento por movimentos oculares (*eye movement desensitization and reprocessing*, EMDR), ao teatro e ao *neurofeedback* (também chamado retroinformação neurológica)"[19]. Tudo está pensado e dirigido para reorganizar o cérebro transformado pelo trauma. É como se o cérebro, com suas marcas, rotinas, hábitos e modos de reagir adquiridos na vida (traumas inclusos nessas produções) fornecesse modos de ser no mundo mais ou menos automáticos, mais ou menos esquemáticos, que, uma vez disparados, funcionariam quase que como protocolos obrigando os indivíduos a agirem ou sentirem de determinadas maneiras. A explicação do trauma, do ponto de vista cerebral, parece nos dirigir a um tipo de explicação referida a uma mecânica comportamental, a um *software* fazendo a máquina funcionar, tal como um computador e, nesse sentido, trata-se de um entendimento que coloca os sentidos dos atos e sentimentos humanos, o sentido dos modos de ser no mundo, como secundários ou submetidos a essa mecânica ou dinâmica cerebral.

---

18 Kolk 2014, p. 11.

19 Kolk 2014, p. 11.

Grosso modo, a explicação cerebral, mecânica ou dinâmica se sobrepõe, em importância, a uma determinação hermenêutica que seria referida, então, aos sentidos, às intenções e aos significados existenciais dos traumas, reações e modos de ser no mundo do homem. O que pretendo mostrar no que se segue é o fato de que a psicanálise faz o caminho inverso, colocando a hermenêutica em primeiro plano e o cérebro como o substrato orgânico sobre o qual os sentidos determinam a existência humana. Não se trata, evidentemente, de perguntar quem tem razão, mas de mostrar dois modos diferentes de abordar o mesmo fenômeno da existência e da natureza humana.

O que chama a atenção a nós, psicanalistas, é a não consideração de ideias, sentimentos e modos de funcionamento inconsciente; seja na definição e compreensão da gênese e da permanência do trauma e os mecanismos de defesa do indivíduo, seja na maneira de procurar ultrapassar o trauma, chamando o controle (em grande parte consciente) do que se é, das memórias e dos sentimentos etc., o que, a nosso ver, via de regra, fracassa, porque a consciência não tem poder de controle sobre o inconsciente.

Passo, agora, a dedicar-me a uma análise do trauma do ponto de vista da psicanálise e, mais especificamente, de uma objetificação mais operativa dessa noção no pensamento de Freud e de Winnicott.

Depois dessa análise, farei, ao final, um diálogo crítico com a proposta de Kolk, procurando apresentar a maneira como o trauma pode ser compreendido e tratado no quadro de um pensamento que considera que é via as reorganizações inconscientes e semânticas do self e dos sentidos dados aos acontecimentos traumáticos, no encontro psicoterapêutico com o outro, que a psicanálise propõe o cuidado e o tratamento do trauma, numa linguagem menos técnica do que a que apresentarei nos dois itens a seguir, referindo-me a Freud e a Winnicott.

O leitor poderia optar por ir diretamente ao item final, para ter uma apreensão mais descritiva de minha proposta e leitura psicanalítica sobre o trauma, deixando para um segundo momento o estudo das especificidades dos pontos de vista de Freud e Winnicott. Procurei construir o texto final para que isto seja possível mesmo para o leitor que não está muito familiarizado com a teoria e a prática psicanalítica.

A noção de trauma na psicanálise

Diferentemente da psiquiatria e dos aportes neurológicos e cognitivistas, a noção de trauma, na psicanálise, não se define pelas características dos eventos, nem pelas marcas neurológicas, nem por aquilo que se apreende pela descrição cognitiva dos relatos clínicos, mas pela apreensão das dinâmicas de funcionamento da vida psíquica (na qual estão presentes diversas instâncias psíquicas em conflito, determinadas, em grande parte, de modo inconsciente). Dizem Barros & Barros[20], nesse sentido:

> *O conceito psicanalítico de trauma é significativamente distinto do conceito psiquiátrico de trauma. Em psiquiatria, o rigor da metodologia científica demanda que o trauma seja apreendido como uma constelação sintomática precisa e investigado neurofisiologicamente. A psicanálise, voltando seu foco para a vivência psicodinâmica (e muitas vezes, privilegiando a vivência absolutamente singular), dá-se o direito de acomodar uma abrangência e imprecisão maior em seu vocabulário conceitual. Quando falamos de trauma em psicanálise, estamos lidando mais com modos psicodinâmicos de processar experiências, formas de pensar e lógicas de funcionamento mental do que*

20 Barros & Barros 2021.

> *com agrupamentos sintomáticos especificáveis. A noção psicanalítica de trauma é mais vaga e abrangente.*[21]

Ao procurar esclarecer o que é essa noção um tanto quanto "vaga e abrangente", Barros e Barros retomam a literatura psicanalítica atual sobre a noção de trauma[22], para elencar algumas das suas características, afirmando, pois, que um trauma, do ponto de vista das alterações que provoca nas dinâmicas próprias ao funcionamento psicoafetivo, causa uma falha "na capacidade de se captar uma experiência emocional em palavras ou numa estrutura narrativa adequada; afeta a capacidade de pensar, constrangindo-a e limitando-a, às vezes reduzindo-a drasticamente; tem a capacidade de permanecer atemporalmente presente na vida do indivíduo; causa uma quebra ou fissura na vida psíquica; causa uma falência na capacidade da mente de simbolizar vivências"[23].

É nesse contexto que proponho retomar, de maneira mais focal, minha interpretação da noção de trauma em Freud e em Winnicott, procurando, ainda, uma maior objetividade na sua definição e compreensão, no intuito de deixá-la menos vaga e mais operativa.

A noção de trauma em Freud[24]

Freud construiu sua noção de trauma a partir do tratamento de seus pacientes neuróticos, em especial, do que ocorria com a histeria, observando que seus pacientes sofriam por causa de acontecimentos (reais ou fantasiados) ocorridos no passado.

---

21 Barros & Barros, pp. 128-129.

22 Especialmente Levine 2014, Viñar 2017 e Scarfone 2017.

23 Barros & Barros 2021, p. 130.

24 A análise da noção de trauma em Freud e Winnicott, aqui apresentada, retoma e sintetiza o que analisei em Fulgencio, 2022c.

Os acontecimentos passados (vividos ou fantasiados) podem ser considerados, por Freud, como situações traumáticas quando inserem uma excitação (por estímulo externo, ou ainda, via um conflito interno [desejos em conflito, conflito entre o eu e ideias incompatíveis com o eu]) que não encontra a possibilidade de descarga, mantendo-se dentro do aparelho psíquico como algo que clama por esta descarga ou satisfação. Note-se que o trauma é aqui explicado em termos metapsicológicos, ou seja, em termos das dinâmicas tópico-energéticas no interior de um suposto aparelho psíquico; e não em termos empíricos ou fenomenológicos, seja referindo-se à qualidade dos acontecimentos externos (choque, violência física ou sexual etc.) ou ainda aos sintomas que surgem depois do acontecimento (depressão, paralisia, cisão etc.).

Aqui, ao caracterizarmos claramente a diferença entre o trauma pensado em termos empíricos (psicológicos) – referido a conflito entre ideias (conscientes e inconscientes); conflito entre o eu enquanto um conjunto de representações fortes e representações incompatíveis com o eu; conflito entre desejos (conscientes e inconscientes) – e o trauma pensado em termos metapsicológicos – referido a um *quantum* de afeto ou uma energia (a libido) que pode movimentar-se parcial ou totalmente em relação às ideias a elas conectadas, num aparelho psíquico impulsionado por pulsões. Articulando os aspectos psicológicos e metapsicológicos para definir o que é um trauma, Freud diz:

> *Pode-se mesmo dizer que o termo "traumático" não tem outro sentido que econômico. Chamamos assim a uma experiência vivida que leva à vida da alma, num curto espaço de tempo, um acréscimo de estímulos tão grande que sua liquidação ou elaboração, pelos meios normais e habituais, fracassa, o que não pode deixar de acarretar perturbações duradouras no funcionamento energético.*[25]

25 Freud 1916x, p. 275.

Laplanche & Pontalis[26] comentam a perspectiva teorizada por Freud:

> *O afluxo de excitações é excessivo relativamente à tolerância do aparelho psíquico, quer se trate de um só acontecimento muito violento (emoção forte) ou de uma acumulação de excitações cada uma das quais, tomada isoladamente, seria tolerável; o princípio de constância começa por ser posto em xeque, pois o aparelho não é capaz de descarregar a excitação.*[27]

Note-se também que, no comentário dos autores do *Vocabulário de psicanálise*, outros conceitos metapsicológicos são acrescidos – como parte do aprofundamento da concepção freudiana de trauma (sejam as da primeira, sejam as da segunda tópica) – além da noção de *libido*, como o de *aparelho psíquico* com suas *instâncias*, as de forças psíquicas ou *pulsões*. A própria noção de trauma psíquico é pensada em termos analógicos; transpõe-se para o plano psíquico o que era pensado no plano orgânico:

> *A psicanálise retomou estes termos (em Freud apenas encontramos Trauma), transpondo para o plano psíquico as três significações que neles estavam implicadas: a de um choque violento, a de uma efração e a de conseqüências sobre o conjunto da organização.*[28]

Ao considerar o trauma como um afluxo excessivo de excitação, Freud acaba por considerar que a própria constituição do psiquismo é fruto desses resíduos energéticos, ocasionados pela proibição ou

26 Laplanche & Pontalis 1967.

27 Laplanche & Pontalis 1967, p. 501.

28 Laplanche & Pontalis 1967, p. 501.

renúncia das satisfações pulsionais, ou seja, o pensamento e o próprio psiquismo adviriam da impossibilidade de descarga de excitações, desviadas, então, para outros fins que não a satisfação do princípio do prazer.

Pode-se concluir que a noção freudiana estabelece que o trauma é um acontecimento de natureza psíquica, no qual o indivíduo está sujeito a uma excitação que não pode ser eliminada (seja por proibição, seja por incapacidade devido ao momento de seu desenvolvimento psíquico), que essa excitação é sempre de natureza sexual ou diz respeito a relações com objetos marcados por excitações do tipo eróticas, que essa noção de trauma está intimamente ligada à ideia de que o bebê ou a criança, desde o início mais tenro, já reconhece determinados objetos (sejam pessoas, sejam partes de pessoas ou objetos propriamente ditos) como aquilo que, reconhecido como objeto externo (ainda que sejam elementos de sua fantasia), podem servir para eliminar uma determinada excitação, e que é a vivência do complexo de Édipo, em termos sempre traumáticos, já que a realização de todos os desejos aí envolvidos implicaria a própria destruição do indivíduo e da cultura. A sexualidade é, pois, sempre traumática e edípica; ela é, para Freud, o aspecto da existência do ser humano que está na base da existência e das relações inter-humanas, seja no seu sentido individual, seja no cultural. Tudo passa a ser entendido como uma questão de sublimação da sexualidade ou de dificuldades dessa sublimação ou, ainda, de sua realização sempre impossível na sua totalidade.

A noção de trauma em Winnicott

Na sua maneira de pensar e teorizar, mantendo-se próximo aos fenômenos e distanciando-se das construções auxiliares especulativas das teorizações metapsicológicas, Winnicott considerou como trauma aqueles acontecimentos que aniquilaram, cindiram ou desintegraram o self, quebrando seu sentimento de continuidade de ser.

Num primeiro momento, o trauma é pensado como um acontecimento que atinge o self quando este ainda não tem maturidade para administrar sua relação com o mundo externo, momento em que o self dependeria da sustentação e/ou proteção ambiental que, então, falha: "A ideia de trauma envolve uma consideração de fatores externos; em outras palavras é pertinente à dependência. O trauma é um fracasso relativo à dependência"[29]. Ao tratar da comunicação silenciosa na experiência de mutalidade entre as mães e seus bebês, Winnicott também especifica o que ele considera como traumático:

> *A comunicação "silenciosa" é uma comunicação de confiabilidade que, na realidade, protege o bebê quanto a reações automáticas às intrusões da realidade externa, com estas rompendo a linha da vida do bebê, dando lugar a traumas. Um trauma é aquilo contra o que um indivíduo não possui defesa organizada, de maneira que um estado de confusão sobrevém, seguido talvez por uma reorganização de defesas, defesas de um tipo mais primitivo do que as que eram suficientemente boas antes da ocorrência do trauma.*[30]

No entanto, o trauma (ou as situações traumáticas) não se referem apenas aos momentos mais primitivos da existência, mas a todos os momentos em que o self sofre (seja por acontecimentos externos ou internos) um tipo de ruptura (cisão, desintegração ou aniquilação) que o faz perder a possibilidade de manter-se como agente de si mesmo; o self passa a ter uma existência apenas reativa, perdendo a sua característica de agir no mundo a partir de si mesmo, adaptando-se ao mundo sem perda em demasia da sua espontaneidade. Winnicott se refere a isso, em termos mais conceituais, dizendo que, nesses casos, o self não tem a capacidade de incluir os acontecimentos

---

29 Winnicott 1989d, p. 113.

30 Winnicott 1970b, p. 201.

traumáticos no campo de onipotência do self, ou ainda, referindo-se à continuidade de ser. Diz Winnicott, nesse sentido:

> *Neste lugar caracterizado pela existência essencial de um ambiente sustentador, o "potencial herdado" está se tornando uma "continuidade de ser". A alternativa a ser é reagir, e reagir interrompe o ser e o aniquila. Ser e aniquilação são as duas alternativas. O ambiente, portanto, tem como principal função reduzir ao mínimo as intrusões a que o bebê precisará reagir, e que resultam na aniquilação do ser pessoal. Sob condições favoráveis o bebê estabelece uma continuidade da existência e assim começa a desenvolver as sofisticações que permitem que estas intrusões sejam incorporadas à área da onipotência.*[31]

Nessa caracterização, cabe destacar a diferença entre ser aniquilado e ser ferido. O trauma aniquila o self; os outros acontecimentos, ainda que possam ser de difícil administração, ferem ou machucam o self, que pode então administrar a situação. Num sentido clínico, caberia a um tratamento psicoterápico psicanalítico do trauma transformá-lo num ferimento e/ou cicatriz, retirando-lhe a sua atualidade (presentidade) quando este continua a aniquilar o self.

Mesmo referindo-se ao sentido e à caracterização empírica do que é o trauma, ou do que poderia ser considerado como traumático, Winnicott não tomará como parâmetro o valor ou peso semântico objetivo (feito por um julgamento externo ao indivíduo) de um acontecimento, mas, sim, à maneira como um determinado acontecimento atingiu o self.

31 Winnicott 1960c, pp. 59-59.

Como ultrapassar o trauma do ponto de vista da psicanálise?

Nesse final, proponho-me a tecer alguns comentários dialogando criticamente com as posições de Kolk para caracterizar o trauma, o que ele gera e qual o *telos* para seu tratamento ou a possibilidade de sua superação.

Primeiramente, para estabelecer o quadro, o foco e o objetivo dos cuidados com o traumatizado, é necessário redescrever o que é o trauma considerando as descrições feitas por Kolk: o trauma, nas suas mais diversas acepções (seja advindo de acontecimentos objetivos, violentos e dilacerantes, seja de acontecimentos subjetivos, com maior ou menor gravidade, alguns, inclusive, até mesmo banais ou sem importância objetiva) *aniquila o self*, coloca-o fora de ação e impotente para agir; o trauma retira a autonomia de si mesmo; por vezes, retira o próprio self.

O trauma (advindo de fora, como um dado ou acontecimento objetivo, ou advindo dos sentidos do mundo interno e suas dinâmicas) gera uma cisão, cria um acontecimento vivido e registrado psiquicamente que fica no interior do indivíduo como algo que o seu self não colocou sob seu domínio, ou seja, como algo não integrado que, constantemente, coloca o self em perigo. Aqui é importante fazer uma diferença entre ser traumatizado, aniquilado e ferido ou machucado, sem que isto signifique que o self tenha perdido sua autonomia e possibilidade de ação ante aquilo que o machucou: trauma é uma aniquilação que desorganiza e retira o self da sua possibilidade de ação sobre o mundo.

O trauma produz medos, mecanismos de prontidão, mecanismos de defesa (em termos de comportamentos e sentimentos), deslocamentos de importância ou valor de fatos-sentimentos-relações, paralisias, depressões, além de, fato constitucional e determinante, a necessidade de reagir e, no limite, aniquilar a própria situação traumática. Esse impulso reativo, que poderíamos caracterizar com uma tentativa de ultrapassar (ou curar) o trauma vivido, também gera a necessidade de revisitar (às vezes até mesmo repetindo-a em si mesmo ou no outro) a situação traumática, não propriamente para vivê-la mais uma vez, mas justamente para, reencontrando-a, poder evitá-la, proteger-se dela, evitar a aniquilação do self e, por sua vez, poder integrar o trauma e sua memória no campo de domínio do self: o indivíduo voltaria ao momento exatamente anterior ao da catástrofe de aniquilação do self, momento em que poderia, então, enfrentando a situação, não ser aniquilado. Nenhuma outra experiência, que não esta que se aproxima do trauma, poderia dar o contexto e a situação adequada para o self apoderar-se da situação. Esse tipo de compreensão poderia jogar alguma luz sobre a compreensão do fato que leva abusados a serem abusadores, agredidos a serem agressores etc.

A cura do trauma, numa perspectiva psicanalítica (que reconhece as determinações inconscientes e coloca sentidos, valores e intenções, com fundamentos das ações e sentimentos do homem), residiria na possibilidade do self integrar o trauma no seu campo de domínio (ou seja, no campo onde não é aniquilado e permanece dando autonomia ao indivíduo na condução da sua vida), o que não ocorreria pelo controle de si mesmo, controle consciente de si mesmo, mas pela ressignificação dos acontecimentos traumáticos que passam, então, a fazer parte do passado do paciente, tornando-o, inclusive, justamente o que ele é, não precisando negar nem controlar um "mal" dentro de si, mas numa experiência que o levou a tornar o self mais sábio e mais forte.

O método de tratamento psicanalítico corresponde a oferecer ao paciente um *encontro humano simplificado* (no sentido de que o analista se coloca como um cuidador que não precisa ser cuidado pelo paciente e, nesse sentido, retira do encontro humano uma parte da reciprocidade do intercâmbio das histórias e das necessidades pessoais do analista), um tipo de anamnese prolongada na qual o paciente conta as suas histórias, estabelecendo, com o analista, uma relação afetiva, na qual se espera que possa ocorrer uma comunicação real e profunda, onde o paciente se sente visto e pode experienciar (na relação) diversos modos de realização de si mesmo, de seus impulsos amorosos e agressivos, num *setting* de previsibilidade, confiabilidade, baseado no encontro humano. O analista não é um *coaching*, não é um conselheiro, mas um bom acompanhante de viagem que serve de suporte e apoio para que o paciente se fortaleça e faça as suas passagens, as suas conquistas, as suas descobertas – o que, evidentemente, não pode ser feito, no que se refere ao analista, se este ocupa o lugar do morto ou do técnico; trata-se de um companheiro afetivo, mas prudente nas suas falas e ações, para não retirar do paciente a autoria das suas conquistas –, ele acompanha, mas não dirige.

Falando de forma muito sintética, no caso do trato com o trauma: o tratamento do ponto de vista da psicanálise espera levar o paciente a poder integrar o trauma e suas marcas no campo de domínio do self, ressignificando-o, tornando-o uma história do seu passado, com o que, mesmo à custa de aniquilação e sofrimento (no passado) levou-o a aprender com estas experiências, aprender sobre si mesmo, sobre o outro, sobre o mundo. Ao final desse processo, não é necessário permanecer controlando um "inimigo interno"; trata-se de dissolver as ilusões que deixariam o trauma ainda aniquilando o self, trata-se de fazer com que o passado possa ser usado como sabedoria e aprendizagem que constituíram o self como algo mais rico e mais sábio. Certamente, há um caminho trabalhoso nesse processo, caminho que nos leva a entender e aceitar o que somos e a nossa história, mas cujos resultados seriam vividos como conquistas pessoais dos pacientes... Ao final, o analista é esquecido, tal como o andaime que contribui para a construção de um prédio: ele desaparece depois da sua edificação.

4. Vulnerabilidade e resiliência

É um fato que algumas pessoas, crianças ou adultos, têm uma capacidade ou possibilidade de ultrapassarem situações de grande adversidade e privações sem se desintegrarem emocionalmente, sem enlouquecerem, deprimirem, ou se manterem, enfim, sem serem aniquiladas e destruídas por condições adversas à sua existência, tanto financeira como emocional. Nelson Mandela, Stephen Hawking e Viktor Frankl são tomados como exemplos desse tipo de situação, compondo, junto com uma série enorme de pessoas, seja desde a tenra infância, seja na maturidade (passando pela adolescência), exemplos do que se tem tentado conceituar ou designar como casos de *resiliência*.

Primeiro, tentemos caracterizar qual é o sentido específico dos termos *vulnerabilidade* e *resiliência*, a fim de estabelecer, com precisão e objetividade, quais são os fenômenos que estamos tentando analisar. Por *vulnerabilidade* pode-se entender a condição na qual um sujeito é passível de ser atingido sem anteparo, sem proteção, seja em termos físicos seja em termos psíquicos e/ou emocionais; este "estar passível de ser atingido" adviria ou de uma fragilidade do sujeito ou da existência de fatores externos que ultrapassam as possibilidades de defesa ou proteção. Por *resiliência*, consideremos a capacidade de um indivíduo de que, ao ser afetado (das mais diversas maneiras, seja agredido, não amado, abandonado, até mesmo violentado etc.), não se desorganiza na sua unidade de sujeito, não enlouquece, deprime ou reage colocando-se fora de si mesmo, ou seja, tendo sido abalado, não perde a sua organização psicoemocional, não perde seu poder de agir a partir de si mesmo, de *resistir* na sua unidade.

Sabemos que o termo *resiliência* advém da física, no campo dos estudos sobre a resistência dos materiais, para caracterizar aqueles materiais suficientemente elásticos para voltarem a suas formas originais mesmo tendo sofrido deformações, sem romperem, por assim dizer. Por analogia, supõe-se que haveria uma qualidade psíquica com as mesmas características, possibilidades e dinâmicas que qualificam certos materiais. As analogias correspondem a projeções de algo que conhecemos (a resistência dos materiais) para algo que não conhecemos bem (a resiliência das pessoas). Esse proceder analógico, projetivo, ainda que sejam importantes e uma fonte relevante para a prática de pesquisa científica, também têm suas limitações, dado que são metáforas e, como tais, imprecisas, limitadas ou só parcialmente verdadeiras.[1]

No campo da psicologia, a resiliência foi definida como:

> *a capacidade do indivíduo, ou da família, enfrentar as adversidades, ser transformado por elas, mas conseguir superá-las . . . o indivíduo resiliente é aquele que tem habilidade para reconhecer a dor, perceber seu sentido e tolerá-la até resolver os conflitos de forma construtiva*[2].

1 Ver uma análise sobre o método especulativo na ciência e, mais especificamente, em Freud, em Fulgencio, 2021b.

2 Pinheiro 2004, pp. 68-69.

Ainda que seja possível fazer uma análise dos diversos sentidos e da história do termo, o importante aqui é apenas destacar esse sentido psicológico, visando a analisar as suas características e os fatores que podem estimular ou destruir tal capacidade, tendo como objetivo agir nas situações de vulnerabilidade contribuindo para que os resilientes possam expandir e usar melhor suas qualidades, e para que os não resilientes possam ser protegidos e sustentados para reagir como se fossem resilientes, seja em termos pontuais, numa perspectiva sincrônica, seja considerando a história do indivíduo, numa perspectiva diacrônica[3].

Quais seriam as qualidades ou características emocionais associadas aos indivíduos resilientes? Diversos autores consideram que os resilientes seriam pessoas que teriam uma grande capacidade de autorregulação e autoestima, podendo interpretar as adversidades como sentidos que os impulsionam a ultrapassá-las, e não a sucumbirem a elas[4]. Listadas essas características, caberia, então, como forma de intervenção, como diz Tavares:

> *Ajudar as pessoas a descobrir as suas capacidades, aceitá-las e confirmá-las positiva e incondicionalmente é, em boa medida, a maneira de as tornar mais confiantes e resilientes para enfrentar a vida do dia a dia por mais adversa e difícil que se apresente.*[5]

Em uma tentativa de caracterizar o conjunto dessas qualidades de forma objetiva e passível de reconhecimento, alguns autores listaram o que consideram ser os pilares da resiliência, a saber: autoestima consistente; capacidade de se relacionar; criatividade;

3 Cyrulnik, Golse & Szejer 2007, p. 40.

4 Cf. Brofenbrenner 1996; Trombeta & Guzzo 2002; Yunes & Szymanski 2001.

5 Tavares 2002, p. 52.

iniciativa; independência; humor; moralidade; pensamento crítico; introspecção[6].

Além disso, há um certo acordo entre os que se dedicam ao estudo desse fenômeno: a consideração de que a resiliência não pode ser considerada como advinda apenas de características pessoais, somente do interior dos indivíduos (seja do interior biológico ou do psicológico), mas que todas essas características listadas são influenciadas pelos ambientes, pelos entornos desses indivíduos.

Considerando esse conjunto de características que apontariam algumas pessoas como sendo resilientes, caberia perguntar: como tais qualidades da personalidade nascem nos indivíduos; são inatas ou adquiridas? Não havendo nenhuma forma objetiva de reconhecer previamente se uma pessoa é ou não resiliente, como agir em casos de vulnerabilidade (com ou sem pessoas resilientes)? Nesse contexto, o que é possível fazer para que a resiliência do indivíduo (natural ou sustentada por alguma ação externa) possa ser estimulada e sustentada?

É necessário entender como surge a resiliência, para além da descrição dessas qualidades. Trata-se, pois, de saber o que torna uma pessoa forte ou fraca ante às dificuldades da vida, ante as invasões e violências existenciais, ambientais etc.

Tomemos como algo indefinido, até o momento, se a resiliência é uma capacidade (em maior ou menor grau) que faz parte da potencialidade inata dos indivíduos.

Sendo ou não inata, a resiliência, o desenvolvimento de todo ser humano (mais ou menos apto a sobreviver) depende do entorno e da sustentação humana. O homem, fato reconhecido pela filosofia, pela antropologia, pela sociologia e pela psicologia, é fruto do próprio homem. A história de Tarzan ou Mogli é uma ficção literária, impossível

6 Melillo, Estamatti & Cuestas 2006.

de ser um fato da realidade. O homem é, na sua origem e necessariamente, um ser dependente! Dependente dos ambientes humanos para constituírem as suas características e/ou qualidades, todas elas e, dentre elas, a resiliência e seu conjunto de características já listadas.

A necessidade de uma teoria do desenvolvimento emocional

Para compreender como o ser humano chega a se desenvolver em termos da realização ou aquisição de suas potencialidades, não basta a biologia; é necessário compreender como os modos de cuidados humanos geram indivíduos adequados aos agrupamentos humanos.

Por um lado, vemos que as teorias do desenvolvimento se ocupam de explicar três grandes tipos de fenômenos (os físicos, os cognitivos e os emocionais); por outro, há vários tipos de teorias do desenvolvimento, várias perspectivas teóricas (educacionais, cognitivas, psicanalíticas, etológicas etc.). Há todo um campo de pesquisa dedicado às teorias do desenvolvimento, que estou retomando para apresentá-lo sucintamente[7]. Todas essas teorias têm uma certa concepção do que é o homem quando ele nasce (suas capacidades, suas imaturidades, suas potencialidades etc.) e do que é um ser humano maduro (e/ou desenvolvido), ou seja, sempre há um modelo ontológico como fundamento.

Além disso, essas teorias fornecem uma compreensão do que deveria ocorrer num processo de desenvolvimento saudável, como também num processo que acaba gerando patologias (ou patologias de origem psicogênica). Retomando, então, um quadro geral, descrito

7 Cf. Boyd & Bee 2011; Cobliner 1965; Crain 2011[2000]; Fulgencio 2022d, 2025; Golse 2008; Lerner 2002[1976]; Miller 2011[1989]; Palombo, Bendicsen & Koch 2010; Papalia & Feldman 2012; Steinberg 2011; Thomas 2005; Tyson & Tyson 1990.

em diversos manuais sobre as teorias do desenvolvimento, temos 4 tipos dessas teorias:

- as psicanalíticas (S. Freud, Anna Freud, Erik Erikson, Margareth Mahler, Donald Winnicott, Daniel Stern);
- as de aprendizagem (Pavlov, Watson, Skinner, Bandura);
- as cognitivas (Piaget, Vygotsky, Wallon e as teorias do processamento da mente);
- as biológicas e ecológicas (Darwin, Lorentz, Bolwby, Bronfenbrenner).

A cada tipo, e mesmo com diferenças específicas dentro de cada tipo, poderíamos explicitar que há modelos de homem díspares, sendo considerados modelos ontológicos que fornecem não só a consideração do que são os motores fundamentais da existência humana, mas também um *telos* para o desenvolvimento, na apresentação de um modelo do que seria o ser humano desenvolvido de forma saudável.

Escolha de uma perspectiva para pensar a constituição das qualidades humanas, incluindo a resiliência

Estou optando, aqui, por analisar a questão da resiliência do ponto de vista da teoria winnicottiana do desenvolvimento socioemocional, por alguns motivos, a saber: é uma perspectiva de entendimento que inclui, de forma significativa e operante, a ação do ambiente; ela não reduz o ser humano às suas pressões instintuais; e pode gerar possibilidades de ação tanto preventivas como curativas.

Nessa perspectiva, algumas considerações são fundamentais e servem como quadro a partir do qual os problemas e as soluções referentes à resiliência precisam ser colocados.

Primeiro, a afirmação de que o desenvolvimento jamais pode ser reduzido a uma questão determinada apenas pelos genes e suas cargas de determinação, ou seja, todo desenvolvimento, com ou sem a influência mais ou menos importante dos genes, será sempre dependente das relações destes com o ambiente, das relações dos indivíduos com o ambiente nos quais o desenvolvimento ocorre. Há uma conjugação entre o que é herdado e o que, mesmo herdado, depende do ambiente para se realizar. Diz Winnicott:

> *A dinâmica é o processo de crescimento, que é herdado por cada indivíduo. Pressupomos aqui um ambiente facilitador suficientemente bom, que é condição sine qua non para o início do crescimento e do desenvolvimento individuais. Existem genes que determinam padrões e uma tendência hereditária para crescer e alcançar a maturidade; entretanto, todo crescimento emocional ocorre em relação com a provisão ambiental, que precisa ser suficientemente boa.*[8]

Note-se, nesse contexto, que não se trata de afirmar que o ambiente deverá ser perfeito no atendimento às necessidades do indivíduo, não só atendendo às suas necessidades, mas fazendo-o exatamente quando estas se apresentam. Trata-se, no entanto, em um cenário humano no qual a comunicação e suas imperfeições são um fato, de considerar que o ambiente atende às necessidades do bebê ou da criança antes que esta se decepcione e perca as esperanças de ser atendida: "a perfeição [do ambiente, das pessoas] é própria das máquinas e as imperfeições características da adaptação humana às necessidades que são uma qualidade fundamental de um ambiente facilitador [meio suficientemente bom][9]".

O fundamental a ser destacado é que o homem é um ser dependente! Ele inicia sua jornada numa situação de dependência absoluta

8 Winnicott 1968g, p. 220.

9 Winnicott 1968g, p. 220.

e caminha na direção de uma independência relativa, dado que jamais pode chegar a um estado de independência total:

> *A independência jamais se torna absoluta e o indivíduo visto como unidade autônoma nunca é verdadeiramente independente do ambiente, embora existam, na maturidade, maneiras pelas quais ele pode se sentir livre, desde que promova a felicidade e a sensação de possuir uma identidade pessoal.*[10]

A teoria do desenvolvimento emocional ou socioemocional, para Winnicott, é, pois, uma teoria da dependência. O ser humano forja ou constitui a si mesmo e ao outro, ao mundo em que vive, num constante estar-com-o-outro, seja percebendo ou não essa dependência. Pode-se aqui notar que o modelo de homem constituinte da teoria winnicottiana do desenvolvimento se refere muito mais ao que ele caracterizou como a necessidade de ser (e continuar sendo), tendo como *telos* saudável, a possibilidade de ter um lugar a partir do qual viver, interagindo com o mundo (se adaptando ao mundo) sem perda em demasia da sua espontaneidade[11].

Procurando fornecer um quadro geral que venha a caracterizar os aspectos centrais desse modo de pensar, destacarei alguns de seus elementos semântico-conceituais a partir dos quais todos os fenômenos e suas dinâmicas são pensadas:

1. Em termos ontológicos, o homem é impulsionado pela necessidade de ser e continuar sendo a partir de si mesmo (de modo ativo e não reativo) e por uma tendência inata à integração.
2. Os elementos conceituais que operam, ou seja, são usados para descrever e entender o desenvolvimento socioemocional são: a

---

10 Winnicott 1968g, p. 221.

11 Winnicott, 1965r, p. 105.

dependência, os processos inconscientes, a linha do desenvolvimento do ego (do si mesmo) e a linha do desenvolvimento do id (das pressões instintuais etc.).

3. A compreensão da situação inicial do bebê, como um ser imaturo e dependente dos cuidados humanos para se desenvolver (isto é, integrar-se, desenvolvendo suas potencialidades humanas).
4. O desenvolvimento é um processo que ocorre em fases, entendida em função dos modos de relação de dependência: a da dependência absoluta, da dependência relativa e rumo à independência ou independência relativa.
5. Há um *telos* dado por uma noção de saúde, caracterizada em termos do sentimento de ter uma vida própria, real, com o sentido de responsabilidade, além de ter uma certa riqueza cultural.[12]

A realidade constitucional do bebê

É também nesse enquadre que surge a questão central, referida à resiliência, que diz respeito à força do ego para se manter íntegro ante a situações em que o indivíduo é atingido e corre o risco de desintegrar-se ou desorganizar-se. Por um lado, deveríamos nos dedicar a explicar com nasce e se constitui a unidade do sujeito psicológico, unidade que seria expressa num *Eu Sou* díspar de tudo que não sou eu, o mundo e seus objetos. No entanto, isso nos obrigaria um desvio teórico analítico significativo, que contornarei colocando a pergunta: *o ego inicial da criança é forte ou é fraco*? Seja o ego no seu sentido de unidade do sujeito psicológico (tipo *Eu Sou*), seja como algo mais primitivo que se referia à pessoa antes mesmo que ela tenha atingido tal integração ou maturidade.

No momento de imaturidade inicial, o bebê ainda não existe sem a sustentação do ambiente (a mãe-ambiente, por assim dizer). Do

12 Ver em Fulgencio 2020c uma análise de todos esses pontos.

ponto de vista do próprio bebê, sua existência é tal que o ambiente também é ele mesmo, não havendo distinção entre uma coisa e outra. Do ponto de vista do observador, vemos uma mãe e um bebê, mas, da perspectiva do bebê, há uma única existência. É a essa situação de amálgama inicial que Winnicott chama de *narcisismo primário*. O bebê, diante dessa experiência que faz aparecer e desaparecer aquilo que satisfaz as suas necessidades, vive a ilusão de que a satisfação de suas necessidades é uma consequência que advém naturalmente de suas necessidades elas mesmas:

> *Se a mãe se adapta suficientemente bem, o bebê conclui que o mamilo e o leite são os resultados de um gesto produzido pela necessidade ou são consequências de uma ideia que veio montada na crista de uma onda de tensão instintiva.*[13]

A existência inicial do bebê é sempre uma existência conjugada a algo ou a alguém que o sustenta[14], mais ainda, as capacidades do bebê não podem ser pensadas em função de algo que seja apenas interno a ele, mas depende, profunda e necessariamente, do ambiente que o sustenta em sua existência. Esta é sua realidade constitucional: "o bebê é inteiramente dependente da maneira pela qual cada pedacinho do mundo lhe é trazido"[15].

O ego é resiliente (forte) ou não (fraco)?

Em primeiro lugar, é necessário esclarecer qual é o sentido do termo ego, bem como qual é o referente deste conceito. Isto varia conforme o quadro conceitual em que nos colocamos. No campo

13 Winnicott 1988, p. 130.

14 Winnicott 1958d, p. 165.

15 Winnicott 1959b, p. 339.

semântico-conceitual estabelecido por Winnicott, o ego é usado em dois sentidos distintos: por um lado, ele dá nome a uma tendência inata para a integração (algo análogo, no campo da psicologia, ao que ocorre no campo do desenvolvimento embriológico, que teria também uma tendência desse tipo, manifestando-se de diversas maneiras); por outro, é, por assim dizer, um dos resultados dessa tendência à integração, quando chega-se à unidade do sujeito psicológico, quando chegados, falando de uma maneira mais genérica, ao *Eu* como unidade díspar do mundo e dos objetos do mundo.[16]

Considerando-se essas distinções, pode-se perguntar primeiro: quando surge o ego? A resposta é dada também em dois sentidos: ele surge em todos os momentos em que a tendência inata à integração opera e, no segundo sentido, ele surge quando o ser humano chega na situação em que percebe a si mesmo como díspar do mundo, tendo a experiência reflexiva de ser ele mesmo, ou ainda, dizendo de outra maneira, quando ele percebe a si mesmo como sendo *o nome de um conjunto* de experiências, um *conceito* que reúne numa unidade as diversas experiências pontuais e sempre singulares de si mesmo. Em segundo, outra pergunta: o ego é forte ou é fraco (seja numa ou noutra acepção do termo)? Aqui, a resposta de Winnicott não se dirige à qualidade (forte ou fraca) de um indivíduo, mas considera a sustentação ambiental que o acompanha, ou seja, o ego é forte ou fraco dependendo do que o ambiente faz com ele. Diz Winnicott, nesse sentido:

> *o ego é forte ou fraco? A resposta a essa pergunta depende de quem for a mãe e da capacidade dessa mãe de satisfazer a dependência absoluta do bebê no começo, no estágio antes de o bebê separar a mãe do self.*[17]

---

16 Ver em Fulgencio 2022a uma análise de significado e referência específicos dos termos *self*, *ego*, *I am* e *whole person* em Winnicott.

17 Winnicott 1965n, p. 71.

O que faz a mãe-ambiente para que o ego possa ser forte (resiliente)?

A resposta genérica a essa pergunta é: a mãe atende às necessidades instintuais e às necessidades de sentir-se sendo sem ser invadido pelo ambiente, tendo seus gestos (criativos e relacionais) atendidos. Winnicott se refere a essa mãe-ambiente como sendo a mãe suficientemente boa, ou seja, "aquela capaz de satisfazer as necessidades do bebê no início, e satisfazê-las tão bem que o bebê, em sua saída da matriz do relacionamento mãe-bebê, é capaz de ter uma breve *experiência de onipotência*"[18]. Essa experiência de onipotência, que ele também caracteriza como a de ilusão de onipotência, corresponde ao fenômeno experienciado pelo bebê de ter suas necessidades atendidas como se o atendimento destas e os objetos que as atendem fossem uma consequência da própria necessidade (da mesma maneira que do fogo advém o calor, da necessidade adviria o objeto que a atende). No início do desenvolvimento, quando o bebê ainda não tem a capacidade de reconhecer uma realidade não self, ter as necessidades atendidas corresponde, do seu ponto de vista, a algo que ocorre tendo como causa ele mesmo (ou a sua própria necessidade), daí Winnicott ter caracterizado essa experiência como sendo a de *ilusão de onipotência*.

No entanto, a noção de mãe suficientemente boa não se aplica somente a essa fase mais primitiva do desenvolvimento. Ela também está presente em outros momentos e outras formas de relacionamento da criança e do adulto com o ambiente e, mesmo que de forma mais complexa, guarda essa qualidade de "atender às necessidades" ou, em outros termos, não decepcionar a criança. Isto implica, grosso modo, ter relações afetivas presentes, confiáveis e que conseguem não só entender a

18 Winnicott 1965n, p. 71.

criança como acudi-la nas suas necessidades, nos seus machucados etc., mesmo que isso seja feito por apenas uma parcela pequena do ambiente.

É justamente a sustentação ambiental, seja a feita pela mãe ou por outro cuidador que exerça a mesma função – de um modo propriamente humano, isto é, de um modo pessoal, afetivo e verdadeiro, e não de forma técnica ou profissional –, o fator que gerará, na criança, a confiança em si, no mundo e no seu futuro. Isso significa que é a sustentação ambiental que gera a força do ego, a confiança em si e no futuro; poderíamos dizer, *a riqueza da personalidade em termos daquelas mesmas qualidades que foram descritas para caracterizar pessoas resilientes.* Diz Winnicott, confirmando o que estou afirmando:

> *Pode ser que em determinada época os psicanalistas tendessem a pensar na saúde como ausência de distúrbios psiconeuróticos, mas este não é mais o caso. Precisamos de critérios mais sutis. Não que jogar fora o que usamos antes, agora que pensamos em termos de liberdade interior, capacidade de confiança e fé, confiabilidade e constância de objeto, de liberdade dentro da personalidade, de capacidade para ter confiança e fé, de questões de constância e confiabilidade objetal, de liberdade em relação à autoilusão, e também de algo que tem mais a ver com riqueza do que com a pobreza no que se refere à qualidade da realidade psíquica pessoal.*[19]

Mas o que faz a mãe-ambiente, em termos mais objetivos? Podemos retomar uma das descrições feitas por Winnicott do que faz a mãe suficientemente boa no desenvolvimento saudável, mesmo que nos deparemos, em muitos desses casos caracterizáveis como de pessoas resilientes, situações familiares e ambientais mais instáveis.

19 Winnicott 1971f, p. 28.

No entanto, mais instáveis não significa inexistentes e, na direção que estou desenvolvendo minha análise da resiliência, creio que sempre encontraremos, nesses casos, sustentações ambientais (pessoais) que terão fornecido ao indivíduo aquilo que possibilitou a eles serem fortes o suficiente para não serem destruídos pelas agressões da existência. Diz Winnicott:

> *A capacidade materna de corresponder às mudanças e às necessidades de desenvolvimento desse bebê em particular permite que ele tenha uma linha da vida relativamente sólida; permite também que experimente estados de confiança não integrados e relaxados ao ser segurado de maneira concreta, além de passar por fases de integração que com frequência se repetem e fazem parte da sua tendência hereditária de crescimento. O bebê vai e vem com facilidade da integração para o estado relaxado de não integração, e o acúmulo dessas experiências se transforma em um padrão e compõe o alicerce para as expectativas dele. O bebê passa a acreditar em uma confiabilidade nos processos internos que levam a integração em uma unidade.*[20]

Caberia, agora, numa análise mais detalhada, distinguir o que é uma mãe suficientemente boa, um ambiente suficientemente bom, em termos das necessidades que as crianças têm, grosso modo, em cada uma das fases do desenvolvimento. Assim, temos diferentes ambientes suficientemente bons quando nos referimos a um bebê, a uma criança de dois anos, outra de 3 ou 4, no período de latência e, ainda, na juventude e primeira maturidade. Para isso, seria necessário retomar as dinâmicas relacionais características de cada fase, explicitando

---

20 Winnicott 1968d, p. 113.

suas tarefas e conquistas, bem como de que maneira o ambiente age ou deve agir.[21]

O cuidado ambiental como fator mais importante do que a resiliência como fato hereditário

A resiliência passa, então, a ser uma questão de provisão ambiental. Não só isso: ela reconhece que determinadas pessoas (ou crianças) têm uma possibilidade de se apoiarem ou aproveitarem as oportunidades de apoio ambiental que são oferecidas. Isso permite que os responsáveis pelas provisões ambientais possam cuidar daquilo que oferecem, possam aproveitar e incentivar a resposta positiva daqueles que se apegam a elas, não destruindo, pois, a confiabilidade e a estabilidade ambiental conseguida ou encontrada.

Certamente há sutilezas profundas nesse encontro pessoa-ambiente, sutilezas que o afeto pode aproveitar e que a razão tem dificuldades em objetivar. No entanto, há uma orientação geral, condição para o desenvolvimento, seja o indivíduo mais ou menos resiliente; na verdade, já não importa se ele é ou não resiliente, dado que tanto num caso como noutro, a orientação dos cuidados necessários é a mesma, a saber: a confiabilidade e a estabilidade afetiva do ambiente, às vezes, em apenas uma pessoa do ambiente, mas *nunca* nenhuma pessoa, dado que o ser humano não se faz sozinho.

21 Ver Fulgencio 2020c para uma descrição teórica e descritiva da teoria do desenvolvimento do ponto de vista de Winnicott.

PARTE II

Lygia Vampré Humberg

5. Adicções aos objetos e aos outros

A adicção a substâncias químicas, a comportamentos compulsivos dos mais variados tipos (consumo, sexo, *games*, jogos de azar, internet) é um dos grandes problemas da atualidade, com dimensões sócio-político-econômicas e psicológicas de inegável relevância. Não temos, ainda, uma solução (advindo de diversas áreas) para esse problema e, no campo do seu tratamento psicoterápico, também não temos soluções de contento, sejam as que seria de comum acordo ou as que teriam eficiência garantida. Estamos ainda em fase de elaboração de boas maneiras de enunciar esse problema, identificar sua gênese e sua dinâmica, bem como a maneira de cuidar e até mesmo curar os adictos.

Neste capítulo, proponho-me a explicitar um dos modos de compreender esse problema, abordando do ponto de vista da teoria psicanalítica e, de forma ainda mais específica, entendê-lo de um ponto de vista que considera o pensamento de Winnicott. Mais ainda, pretendo colocar também em evidência, como um tipo específico de adicção, os *relacionamentos adictivos*, ou seja, um tipo de relação interpessoal (entre casais, pais e filhos, amigos etc.) que funciona de maneira análoga à que caracteriza as adicções. Esse tipo de relacionamento, que observei muitas vezes em minha prática clínica tratando de familiares de adictos, apresentou-me questões como: o que faz a pessoa falar tanto, pensar tanto num relacionamento? O que isso significa para ela? Se o relacionamento traz tanto sofrimento, se a pessoa se queixa tanto, por que continua nele? O que uma pessoa busca ao estabelecer um relacionamento patológico desse tipo? Qual a origem desse tipo de necessidade? O que um relacionamento assim procura suprir? Como cuidar dessa situação, tanto individualmente quanto em relação a um casal, ou ainda, uma família na qual está presente esse modo de relacionamento?

Em primeiro lugar, busco apresentar um entendimento do que são as adicções, especificando desde a opção pela terminologia escolhida (adicto em vez de viciado) até a história do desenvolvimento da compreensão psicanalítica das adicções, para depois mostrar que os relacionamentos adictivos são um caso específico das adicções, com dinâmicas psicogênicas e relacionais análogas às das adicções.

Por que usar o termo adicto e não um outro?

A escolha pelo termo *adicto*, em vez de outros como *viciado*, *toxicômano* ou *dependente químico*, diz respeito à necessidade de dar um nome (um sentido) adequado ao sintoma, evitando obscuridades, imprecisões e termos de natureza "moral avaliativa", seguindo uma opção feita por outros pesquisadores, por exemplo, Joyce McDougall. Nesse sentido, o termo *adicto* significa *ser escravo de*: o *adicto* é, em termos etimológicos, aquele que perdeu a possibilidade de escolher, sendo escravo de uma única solução para lidar com seus conflitos e suas angústias.

Por um lado, trata-se de seguir uma terminologia atual aceita e reiterada pela maior parte dos estudiosos, mas também de considerar que o termo adicto é mais descritivo no seu significado, mais próximo a caracterizar uma condição do sujeito, e não a caracterização do que ele é em termos estruturais, seja em termos psicológicos ou em termos morais.

A adicção na história da psicanálise

Os estudo mais consistentes e sistemáticos sobre as adicções, pelos psicanalistas, data de 1930.[1] Essa abordagem das adicções considera que elas sejam impulsionadas pela procura do prazer, referida à masturbação, ou pelos impulsos destrutivos nos seus mais diversos aspectos e cenários. Não há, nem no passado nem atualmente, um consenso sobre qual é a gênese e a dinâmica das adicções, nem sobre qual é a maneira adequada para resolver esse problema, cujas dimensões têm aumentado em todo o mundo. A compreensão desse fenômeno exige, pois, por enquanto, a escolha de um ponto de vista teórico que visa estabelecer uma perspectiva de entendimento coerente, que respeite os sentidos e referentes dos termos e conceitos usados, levando-a ao máximo do que ela pode oferecer, para depois tentarmos um diálogo com outras perspectivas e, talvez, uma visão mais unificada.

Nesse sentido, como perspectiva teórica de referência, estou me colocando no quadro do pensamento estabelecido por Donald Winnicott e aprofundado por Joyce McDougall, pois tais autores apresentam, a meu ver, uma compreensão das adicções e das psicopatologias focada na questão do desenvolvimento associado às relações de dependência, o que coloca o ambiente e suas determinações numa posição teórica e descritiva de destaque, tanto em termos teóricos quanto descritivos. Nessa direção, trata-se aqui de aprofundar a

---

1 Cf. *Essential papers on addiction* (Yalisove 1997), no qual temos um excelente conjunto de artigos que percorrem a história da psicanálise sobre esse tema. No Brasil, temos os livros de Décio Gurfinkel, especialmente *Adicções: paixão e vício,* publicado em 2011.

compreensão do que são as adicções para esses autores, tendo como objetivo entender a dinâmica dos indivíduos envolvidos em relacionamentos adictivos.

Breve história da compreensão psicanalítica das adicções[2]

Para Freud, os sintomas (dentre eles, as adicções) são pensados em termos dos conflitos advindos da administração dos impulsos pulsionais, sexuais no seu sentido amplo, nas relações interpessoais. No quadro da sua primeira tópica – que considera que a vida psíquica é tal como um aparelho, dividido em três instâncias (Ics, Pcs e Cs), impulsionado por duas forças básicas fundamentais (as que visam proteger indivíduo, as pulsões de autoconservação, e as que visam reproduzir indivíduo, as pulsões sexuais) –, as adicções estão associadas ao princípio do prazer (busca do prazer e fuga da dor ou desprazer). Já em sua segunda tópica – que também considera a vida psíquica como um aparelho, mas, agora, dividido em outras instâncias (Id, Ego, Superego) com aspectos e conteúdos tanto conscientes quanto inconscientes, impulsionado por outras duas forças básicas fundamentais mais amplas que as do primeiro modelo (as que visam a manutenção da vida e suas unidades, a pulsão de vida, e as que visam a descarga, a desconexão e, por isso, chamadas pulsões de morte) –, as adicções estão associadas à necessidade de descarga de excitações internas, à compulsão à repetição, impulsionadas pela pulsão de morte.

Por um lado, as adicções, para Freud, devem ser pensadas em função da busca de um objeto que elimina a excitação pulsional (seja com algo análogo à masturbação, seja como defesa contra a angústia

---

2 Essa breve e sumarizada história está sendo apresentada com o objetivo de preparar a apresentação da minha compreensão das adicções, baseada nas compreensões de Winnicott e McDougall, o que justifica percorrer um campo tão vasto e complexo como esse com tão poucas referências e desenvolvimentos.

vivida pela perda do objeto, tal como descrita em "Luto e melancolia"), tanto no quadro da primeira como da segunda tópica. Por outro lado, porém, com a introdução e a referência ao narcisismo (especialmente no seu sentido patológico, diz respeito a uma situação relacional do indivíduo na qual o outro e a procura pelo outro, e até mesmo o reconhecimento do outro, estão excluídos), temos a caracterização das adicções como uma patologia narcísica (mais próxima, pois, das psicoses), seja na direção de acentuar a compreensão desse sintoma como um tipo de busca por si mesmo, seja para referi-la também às determinações ambientais, como fator importante e determinante na gênese de todas as patologias narcísicas.

Na história da compreensão psicanalítica das adicções, esses pontos gerais assim considerados e a relação das adicções com a masturbação como uma procura de solução para um conflito inconsciente que cause desprazer ou como uma tendência para a descarga de uma excitação que não encontra outra maneira de expressão (com a hipótese da pulsão de morte), forneceram um ponto de partida importante, e esse ponto serviu de referência para uma série de estudos pós-freudianos que procuraram aprofundar essa perspectiva de entendimento.

Melanie Klein, aprofundando essa perspectiva centrada nas relações de objeto impulsionadas pela vida sexual, redescreve as dinâmicas de relacionamento objetal em termos da sua teoria das posições, especialmente no que se refere ao modo de viver o amor e o ódio, na posição esquizoparanoide, vividos em separado, e na depressiva, juntos, como comentam Greenberg & Mitchell[3]. Ela não falou especificamente sobre as adicções, mas sua perspectiva de entendimento foi desenvolvida por outros analistas. Rosenfeld, por exemplo, viu nas adicções uma defesa maníaca contra ansiedades primitivas; para ele, a adicção seria um tipo de fixação na posição esquizoparanoide

3 Greenberg & Mitchell 1983.

e a droga seria uma maneira de manter o "bom" e o "mau" separados (seja no indivíduo, seja nos objetos)[4]. Desse modo, com o uso das drogas, o indivíduo produziria em si uma situação e uma vivência nas quais ele procuraria tanto livrar-se da angústia nas relações com os objetos quanto evitar (caso essa união do bom e do mau ocorresse) o surgimento de sentimentos depressivos (necessários ao amadurecimento e à chegada à posição depressiva).

Kalina, outro analista que tem em Klein a base de sua perspectiva de pensamento, considera que a gênese das adicções está relacionada com um tipo de fixação na posição esquizoparanoide. Essa fixação viria de uma separação exageradamente hostil da criança em relação ao seio materno. Para ele, o adicto não suporta entrar na posição depressiva e, com a droga, ele evita essa entrada. A posição depressiva é vivida pelo adicto como uma incorporação perigosa de seus aspectos dissociados que poderiam implicar a desintegração total de seu ego, ou seja, a psicose[5]. A posição de Kalina também está apoiada na ideia de que o indivíduo pode ter um ego frágil para lidar com as angústias que advêm das relações com os objetos (seio e mãe). Nesse sentido, uma das motivações para o uso de drogas seria o de encontrar, na droga, um objeto para proteger o ego (como se a sua fragilidade implicasse, metaforicamente falando, fendas no ego), funcionando como um dique que evitaria a invasão da angústia. Segundo sua visão, a droga não é o que é, mas o que representa, tendo assim um valor mágico. Por isso, para ele, o uso de drogas teria um aspecto psicótico na relação do indivíduo com a realidade.

Outros, como Fenichel[6], Glover[7] e Radó[8], também consideraram as adicções como referidas a problemas e/ou fixações nas fases

---

4 Rosenfeld 1968, pp. 149-150.

5 Kalina *et al.* 1989, p. 39.

6 Fenichel 1945.

7 Glover 1932.

8 Radó 1933.

primitivas do desenvolvimento, pensadas de um ponto de vista muito próximo ao de Klein.

Na história do desenvolvimento da psicanálise, um destaque importante deve ser dado a Fairbairn, nessa direção de uma ampliação da compreensão do que procura o adicto, dado que a sua formulação de que a libido procura o outro e não tanto o prazer nos leva a considerar que há uma procura pelo outro que não é redutível ao princípio do prazer ou da descarga. Essa perspectiva, parece-me, será retomada em outros termos com Donald Winnicott e Joyce McDougall, referindo-se à questão da dependência e da importância do ambiente.

A compreensão de Winnicott[9] e McDougall[10] sobre as adicções

Com esse quadro geral esboçado, podemos ir mais diretamente a Winnicott, onde encontraremos algumas mudanças significativas na perspectiva teórica psicanalítica:

1. Compreensão e descrição das relações inter-humanas (que, grosso modo, a psicanálise nomeia como relações de objeto) como não redutíveis ou impulsionadas apenas pelas pressões advindas da vinda instintual (às vezes, denominadas necessidades do id) enfrentando o princípio da realidade, mas também se referindo a outros aspectos das relações inter-humanas, como as relacionadas às necessidades de ser e continuar sendo (às vezes, denominadas necessidades do ego) e à necessidade de agir a partir de si mesmo (por exemplo, a ação de brincar), as de sentir-se real, confiar em si mesmo e nos outros etc.

---

9 Explicitada em "Objetos transicionais e fenômenos transicionais". Há duas versões desse texto de Winnicott, uma publicada em 1951 (Winnicott 1953c [1951]) e outra em 1953 (Winnicott 1953c). Nas duas, ainda que de forma diferente, ele vai associar o sintoma da adicção a falhas na fase da transicionalidade.

10 McDougall 1982; 1989a; 1995; 2001.

2. A compreensão do próprio desenvolvimento das relações de dependência do ser humano, inicialmente uma dependência absoluta que caminhará para uma independência relativa.
3. A consideração das determinações ambientais, fato que insere tanto o outro com a realidade externa como fatores tão importantes, às vezes mais importantes, que a realidade interna.
4. A introdução de uma noção de saúde, referida à conquista de diversos níveis de integração e a possibilidade de encontrar um lugar para viver.
5. A compreensão da relação terapêutica como uma "relação humana simplificada", não técnica, mas justamente que ressalta o caráter humano da relação, da comunicação verdadeira, como elemento que produz desenvolvimento; a apresentação teórica e descritiva de uma teoria do desenvolvimento emocional, do nascimento à morte, a partir de um modelo ontológico de homem que o refere à sua necessidade existencial fundamental, ser e continuar a ser.
6. A modificação no modo de teorizar e apresentar a teoria, buscando sempre uma grande proximidade descritiva com os fatos.[11]

Essas modificações alteram a compreensão da teoria do desenvolvimento afetivo e das relações de objeto e, no caso que me interessa neste capítulo, a compreensão da gênese das adicções e dos relacionamentos adictivos, dado que, Winnicott considerava que os sintomas relacionados à drogadição dizem respeito a falhas na fase da transicionalidade. Diz Winnicott: "um investigador que estivesse estudando esse caso de dependência química prestaria atenção na psicopatologia manifestada na área dos fenômenos transicionais?"[12].

---

11 Para uma análise das diversas modificações que a obra de Winnicott fez na teoria e na prática psicanalítica, ver: Abram 2008; Dias 2003; Fulgencio 2016, 2020c; Kabesh 2019; Phillips 1988; Spelman 2013a, 2013b.

12 Winnicott 1953c, p. 43.

Mais ainda, nessa perspectiva, temos uma ênfase na importância dada ao ambiente e à indicação de que as adicções estariam relacionadas à atividade de busca de si mesmo (um dos aspectos centrais dos fenômenos transicionais). Retomando as fases do desenvolvimento, para Winnicott, para localizar em que momento têm início os fenômenos transicionais, considera-se que o desenvolvimento tem, basicamente três fases: a da dependência absoluta (da origem até aproximadamente o 4º mês de vida); a da dependência relativa (do 4º mês a 1,5 ano); e a da independência relativa ou rumo à independência (ocupando todo o resto da existência). Os fenômenos transicionais começam, para Winnicott, por volta do 6º mês de vida e permanecem, como diversos coloridos e complexidades, por toda a vida até a morte do indivíduo. É o momento em que o ser humano está fazendo a passagem entre ser amalgamado com a mãe para ser uma unidade que se reconhece distinta de outros existentes do mundo e, por isso mesmo, denominado transicional (entre o mundo subjetivo e o objetivamente apreendido como distinto de si mesmo).

Os objetos e fenômenos transicionais correspondem à percepção de que há um modo de ser do indivíduo em que ele está a meio caminho de reconhecer-se como separado do mundo. Trata-se tanto de um momento em que o indivíduo está separado quanto unido ao mundo, tanto externo quanto interno. Momento em que o indivíduo cria e encontra os objetos com os quais se relaciona, mais ainda, ao criar e encontrar tais objetos, ele também se diferencia deles. Ao mesmo tempo que é sua própria criação, o objeto transicional é e não é o sujeito; mas, nesse processo, ao *criar-encontrar o objeto* o indivíduo realiza ou encontra a si mesmo. Para Winnicott, parece haver uma busca, pelo adicto, daquilo que se vive com os objetos transicionais, estar unido e separado com os objetos, encontrar a si mesmo e ao outro, e talvez seja justamente este o objetivo do adicto, encontrar a si mesmo e ao mundo, paradoxalmente, estando unido e separado do e com o mundo... Não é à toa que os chamados "estados alterados da consciência", promovido por algumas substância, são descritos como um tipo de amálgama com o mundo e um encontro profundo consigo mesmo. Diz Winnicott, referindo-se ao que considera estar na gênese das adicções: "A adicção pode ser descrita como uma regressão a um estágio em que os fenômenos transicionais não eram questionados"[13].

McDougall aprofundou a perspectiva apresentada por Winnicott reconhecendo que as adicções, além de poderem ter sua origem em falhas na fase inicial de experimentação dos fenômenos transicionais, também podem ser geradas em função das angústias vividas tanto no período anterior ao da transicionalidade (angústias de aniquilamento, angústias denominadas por Winnicott como impensáveis e surgidas antes da constituição de um eu distinto do mundo externo) como em momentos posteriores (angústias que derivam das relações objetais propriamente ditas, quando os objetos são reconhecidos como externos e a relação com eles já está colocada no quadro do cenário edípico, no qual as angústias de castração podem ser intensas).

Para ela, a procura dos adictivos corresponde, na verdade, a um mecanismo que também está presente na vida cotidiana saudável, mas que, em alguns casos, torna-se um tipo de ação inflacionada, mas que se impõem como um único caminho extremamente privilegiado, inflacionado, muito mais valorizado do que outros, para chegar-encontrar-realizar a si mesmo. Os adictos usam seu objeto de adicção como a alternativa central e preferencial para aliviar ou mesmo procurar suprimir seus sofrimentos, ainda que isso dê apenas uma impressão passageira de sucesso e, por isso mesmo, precisa ser repetida cada vez com mais intensidade. O adicto é, na verdade, um tipo de escravo, tendo seu objeto de adicção como sua "única solução para escapar da dor mental"[14]. De modo geral, todo adicto é alguém que procura uma descarga de suas tensões psíquicas internas – seja essa

13 Winnicott 1953c [1951], p. 331.

14 McDougall 2001, p. 11.

tensão prazerosa ou dolorosa, tanto produzida a partir de seu interior quanto gerada por fatores externos[15] – via uma solução "externa", física, levando-o a um tipo de compulsão. Diz McDougall nesse sentido:

> *Nós podemos propor, então, que a dimensão mais urgente da economia psíquica que subentende a conduta adictiva é a necessidade de se livrar tão rapidamente quanto possível de todo sentimento de angústia, de cólera, de culpabilidade ou de tristeza que fazem sofrer, até mesmo sentimentos aparentemente agradáveis ou excitantes, mas são vividos inconscientemente como a serem evitados ou perigosos. A partir da descoberta da solução adictiva, torna-se [uma solução] compulsiva a reencontrar face a todo sofrimento psíquico. Em resumo, a dependência implica sempre uma mistura de dor e prazer.*[16]

Para ela, essa afecção patológica é um sintoma que tem origem nos estágios mais primitivos do desenvolvimento afetivo e está ligado à relação do bebê ou criança com a mãe e os cuidados (falhos) que ela fornece, relação marcada tanto pela procura da união com a mãe quanto pelo pavor de ser devorado por ela[17]. A observação clínica de McDougall descreve que a mãe representada por pacientes que recorrem à adicção é composta por dois tipos: uma que cuida e outra que é incapaz de cuidar da situação de dependência do bebê.

A procura adictiva é, nessa perspectiva, uma tentativa não só de "corrigir" uma imagem de si "estragada", mas de também lidar com as falhas maternas e paternas: "Além da necessidade desesperada de se livrar do fardo de suas pressões afetivas, todas as formas de adicção

15 McDougall 2001, p. 12.

16 McDougall 2001, p. 15.

17 McDougall 2001, p. 18.

têm por objetivo não só reparar a imagem estragada de si mesmo, mas também acertar as contas com as figuras parentais"[18].

Nessa direção, como fator fundamental para pensar as adicções, McDougall destaca a questão da relação de dependência que todo ser humano vive, mas, no caso do adicto, como uma relação que ele teme, porque não pôde viver, no passado, uma relação de confiança na sustentação parental. Diz McDougall:

> *As vítimas de adicção são todas engajadas numa luta contra as dependências universais próprias ao ser humano, incluindo aí a ilusão de redescobrir o paraíso perdido da infância, a da liberdade, a da ausência de toda responsabilidade e a da noção de tempo.*[19]

A questão que talvez possa ser proposta, que é a própria questão do adicto, nesse sentido, é: *como é possível livrar-se da dependência*? No entanto, a dependência parece ser uma característica do próprio ser humano, e não há remédio para isso! Só aqueles que puderam depender e não ter sido invadidos, sustentados, tendo suas necessidades de ser atendidas, só estes puderam chegar a um estado em que têm uma independência relativa e não vivem temendo uma nova situação de dependência.

Talvez seja justamente este o paradoxo do adicto: *ele procura livrar-se da dependência dependendo da droga ou de uma relação de dependência que funciona como uma droga*. Só o encontro de um ambiente confiável é o que, talvez, possa "corrigir" essa situação, possibilitando uma integração que leva a si mesmo, que fornece uma base para viver que não precisaria mais buscar no mundo exterior (e nas drogas) o preenchimento e a realização de si mesmo, si mesmo

18 McDougall 2001, p. 34.

19 McDougal 2001, p. 35.

apoiado e com o qual se pode viver, relacionar-se consigo e com o outro, tendo a si mesmo e ao outro.

A concepção de McDougall sobre as adicções parece, pois, ultrapassar a posição de Winnicott, que refere esse sintoma apenas às falhas na fase da transicionalidade, dando-lhe uma compreensão mais ampla. Além disso, ressaltando a questão da dependência, sua concepção também contribui para pensarmos o papel central que as relações conjugais e familiares dos adictos também têm na questão da dependência. Ao apresentar uma síntese relacionada à descrição das diversas origens das adicções, McDougall considera que existem três tipos de origem das angústias que podem levar às adicções, as quais ela apresenta como três tipos de tentativas de livrar-se do sofrimento:

> 1. *uma tentativa de evitar as angústias neuróticas;*
> 2. *uma tentativa de combater os estados de angústia severa – às vezes com uma tendência paranoide – ou ainda a depressão, que são acompanhados frequentemente de sentimentos de morte interna;*
> 3. *uma tentativa de escapar às angústias psicóticas como o medo de uma fragmentação corporal ou psíquica, ou mesmo ao terror de se encontrar ante ao vazio, ali onde o senso de identidade subjetiva é sentido como comprometida.*[20]

Os relacionamentos adictivos

Ao atender familiares de adictos a álcool e drogas, durante muitos anos, notei que, além da repetição do sintoma nas gerações subsequentes (filhos e netos de adictos) – reconhecendo aquilo que atualmente se denomina um tipo de transmissão ou determinação

---

20 McDougall 2001, pp. 33-34.

transgeracional –, alguns familiares apresentavam comportamentos e atitudes que contribuíam para a manutenção do comportamento do adicto. Por exemplo: ouvi, mais de uma vez, afirmações do tipo "eu sei que se eu comprar bebida para meu marido, ele vai beber, mas não consigo não comprar!". Os exemplos desse tipo de "facilitação", ou mesmo "incentivo", para que o adicto permanecesse na sua adicção, pareceu-me um aspecto complementar patológico desses familiares.

Notei também que alguns casais se separavam justamente quando a adicção havia sido superada, ou ainda, que, depois de separar-se de um adicto, o cônjuge casava-se com outro adicto, numa repetição demoníaca do sofrimento, como diria Freud, reconhecendo uma compulsão à repetição que assombrava algumas pessoas. Para os próprios pacientes, isso parecia estranho! Uma paciente, por exemplo, dizia: "meu pai é alcoólatra, como fui casar com outro? Será que não bastou o que sofri com meu pai?".

A percepção de que tais comportamentos dos familiares correspondia a sintomas que pertenciam ao quadro da adicção me levou, impulsionada pelas situações clínicas, a considerar como necessário cuidar psicoterapeuticamente deles e até mesmo explicitar algo que eles não percebiam, que eles *eram parte do sintoma adicção*, que eles compartilhavam e realizam, nas suas vidas, o mesmo sintoma do adicto, ainda que com dinâmicas e coloridos diferentes. Não era possível tratar do adicto sem tratar de seu entorno mais próximo; mais ainda: a adição era um sintoma da família, do casal, do ambiente, e não apenas de uma pessoa do ambiente.

A maioria dos estudos quantitativos e qualitativos sobre adicções ainda é focado nas drogas, o que contrastava com minha percepção clínica. Na tentativa de ampliar meus instrumentos para tratar dessa situação, dediquei-me a um estudo sobre *codependência* entre familiares de dependentes de álcool e drogas, numa pesquisa de pós-graduação que resultou na minha dissertação de mestrado[21]. Esse

21 Humberg 2004.

fenômeno játinha sido percebido por muitos outros pesquisadores e clínicos das adicções, e já havia uma literatura significativa chamando a atenção tanto do público em geral como dos profissionais, especialmente nos Estados Unidos, para esse problema. Nesse contexto, na década de 1990 do século XX, reconhecia-se o fenômeno da *codependência* como associado a 10,5 milhões de dependentes de álcool e 1,6 milhão de dependentes de drogas injetáveis, estimando-se que ela gerava 273,3 bilhões de dólares de custos sociais anuais, ligados a mortes acidentais causadas por abuso de substâncias, abuso sexual, violência doméstica, doenças infecciosas, prisões, assassinatos e hospitalizações, afetando pessoas de todas as classes sociais, idades e gêneros[22]. A pesquisa de mestrado me forneceu uma confirmação da realidade desse problema como parte do sintoma adicção. No entanto, a compreensão médica, apenas descritiva, ou mesmo a sua referência apenas às determinações biológicas do sintoma adicto, não me eram suficientes, dado que eu sabia, por formação e convicção pessoal e profissional, que as adições também eram fruto dos desenvolvimentos emocionais determinados pelos contextos (ambientes) familiares. Pensando do ponto de vista da psicanálise, senti-me obrigada a aprofundar a compreensão da codependência, o que me levou a uma compreensão dinâmica mais complexa e mais profunda – dando continuidade a minhas pesquisas, desenvolvendo uma tese de doutorado –, cujo resultados me levaram a jogar uma nova luz sobre o fenômeno e, vendo-o melhor e com mais precisão, levou-me também a renomear o fenômeno para uma expressão mais rigorosa, caracterizando-o, agora, como casos de *relacionamentos adictivos*: o comportamento desses familiares correspondem a um fenômeno do campo das adicções, sendo a relação com o outro um tipo de adicção, ou seja, é a relação (e não o outro) que, para esses familiares, seriam o seu objeto-droga, por assim dizer.[23]

---

22 Harkness & Cotrell 1997.

23 Cf. Humberg 2014.

Ou seja, creio que o fenômeno da codependência é mais bem descrito e caracterizado como um relacionamento adictivo, dado que temos, nessa caracterização, uma possibilidade de explicitar sua gênese e sua dinâmica no quadro de uma teoria psicanalítica, quadro teórico e clínico que não trabalha com o conceito de codependência, mas que já tem uma certa tradição na compreensão das adicções e no reconhecimento desse fenômeno dos relacionamentos adictivos.

Encontrei na literatura outros psicanalistas que também compartilhavam da mesma percepção. Note-se, por exemplo, a afirmação de McDougall de que há determinadas relações inter-humanas que funcionam como adicções: "por causa de suas próprias angústias ou temores e desejos inconscientes, uma mãe é capaz de instalar no seu lactente aquilo que pode ser conceituado como um relacionamento adictivo com a presença dela e suas funções de cuidados"[24]. Ela também reconhece esse tipo de fenômeno clínico-patológico como sendo *relacionamentos adictivos*.

Fenichel[25] também se refere a um fenômeno próximo a esse, que ele nomeou de "adictos do amor". Ele usa essa expressão (*love adicts*) para caracterizar pessoas "para as quais a afeição ou a confirmação que recebem dos objetos externos desempenha o mesmo papel que o alimento no caso dos adictos da comida"[26]. Fenichel comenta que essas pessoas, ainda que tenham a necessidade absoluta de um "objeto" que as ame, não conseguem retribuir esse amor, tendo, até mesmo na relação sexual, muito mais uma maneira de obter uma gratificação oral condensada do que um encontro de troca com o outro. Retomo

---

24 McDougall 1995, p. 201. Gurfinkel, por sua vez, reitera esse reconhecimento, quando afirma: "Uma maneira patológica que tem sido reconhecida como sendo um relacionamento adictivo, dado que há pessoas que apresentam regularmente uma espécie de dependência patológica em relação a outra, em geral um parceiro amoroso" (Gurfinkel 2011, p. 384).

25 Fenichel 1945.

26 Fenichel 1945, p. 335.

um exemplo clínico apresentado por ele, para caracterizar esse fenômeno:

> *Uma mulher, por força de certas experiências infantis, sofria de severa angústia de ser abandonada. Tal qual a criança amedrontada não dorme sem a mãe à cabeceira, esta paciente, adulta, tinha de sentir uma união protetora com outras pessoas. A sua principal resistência, na análise, consistiu em que ela só se interessava por certificar-se de que o analista estava tomando o seu lado, razão por que não conseguia dizer não a homem algum; sempre que se via só, tinha de ir à procura de um homem sem mais tardar. Ao que parecia, tinha atividade sexual adulta. Na realidade, a vida sexual era para ela a mesma coisa que a mão protetora da mãe para a criança com medo. O comportamento era um meio de reprimir os seus impulsos sexuais plenos, os quais, certamente, tinham índole sádico-oral.*[27]

McDougall percebe que, em muitos casos, o objeto de adicção não é uma droga-química, mas a própria relação com o outro. Ao se referir às falhas, na fase da transicionalidade, e à tentativa de substituir o objeto transicional (e suas funções) pelo outro, ela diz:

> *tal clivagem cria uma potencialidade adictiva; em lugar do objeto transicional que falta, o eu pode se ligar a um objeto transitório: uma droga ou um Outro, utilizado como uma droga. Este será chamado a preencher a função "transicional" e será destinado a proporcionar ao indivíduo o sentimento de ser "real", vivo, válido: destinado, enfim, a preencher as lacunas no eu, lacunas de sentido no*

27 Fenichel 1945, pp. 355-356.

> *que diz respeito à sua própria identidade e à sua maneira de pensar o mundo.*[28]

Ocorre, então, que esse outro fica sendo o depósito e o responsável por tudo o que ocorre, por tudo o que deveria ocorrer:

> *Assim, no imaginário do indivíduo que se equilibra através de relações transicionais, o outro será considerado inteiramente responsável por tudo o que lhe ocorrer; o indivíduo espera que o outro lhe traga a felicidade e não se trata de uma esperança, mas de um dever; quando, mais cedo ou mais tarde, o objeto se revela estar aquém dessa expectativa, o indivíduo o acusa de ter sido pouco preocupado com sua felicidade e de ter demonstrado muito pouca intuição a respeito do que estava acontecendo, de ser, enfim, responsável por todas as suas desgraças.*[29]

É, pois, nesse sentido que McDougall cunha a expressão *relação adictiva*:

> *A fragilidade de um equilíbrio psíquico que depende tanto dos outros – chamemos de relação adictiva – é evidente, a ponto de o indivíduo ignorar o que lhe deve essa criação, que é sua. Essa cena psíquica está efetivamente sob o domínio do desejo infantil e de ser o autor de tudo o que existe.*[30]

Os *relacionamentos adictivos* são, pois, casos de adicções sem drogas, ou ainda, os quais a droga é o outro ou o tipo de relacionamento com o outro.

---

28 McDougall 1982, p. 61.

29 McDougall 1982, p. 61.

30 McDougall 1982, p. 61.

Ou seja, estamos adictos, e aqueles que têm relacionamentos adictos, ambos na mesma patologia e na mesma dinâmica, talvez compartilhando o mesmo tipo de problema e procurando o mesmo tipo de solução, também correspondem a sintomas referidos tanto a falhas na experiência (e conquistas daí advindas) como a fenômenos transicionais, bem como podem estar associados a outros tipos de angústias, tal como descreveu McDougall.

Podemos afirmar que há uma característica desse fenômeno patológico (as adicções) que diz respeito à dependência patológica: num caso de um objeto-droga, ou do outro como objeto-droga. Cabe reiterar, nessa síntese, a afirmação de Eigen: "As pessoas usam drogas e álcool não somente para escapar, mas para encontrar a si mesmas"[31]; nos relacionamentos adictivos, trata-se do mesmo tipo de sofrimento, de vazio, de procura, de tentativa de solução patológica das adicções.

Considerações finais, tratamento e profilaxia

Ao final desta análise, gostaria de chamar a atenção para dois temas e/ou consequências desse tipo de compreensão das adicções e dos relacionamentos adictivos: a questão da prevenção e do tratamento psicoterápico (psicanalítico ou de base psicanalítica).

No caso da prevenção, é possível notar que a maioria das campanhas trabalha a conscientização dos males físicos, pessoais e ambientais que as drogas fazem (como se os adictos não soubessem disso!). Tais campanhas têm sido pouco eficientes, dado que, mesmo cientes dos aspectos destrutivos das suas práticas, os adictos raramente deixam a dependência por causa de uma conscientização, mas, sim, em função de outras articulações existenciais e afetivas em suas vidas.

31 Eigen 2011, p. 17.

As propostas de Winnicott e McDougall, considerando as adicções (e os relacionamentos adictivos) como sintomas que derivam de falhas de sustentação ambiental na primeira infância, parecem, no entanto, apontar para um caminho mais frutífero para pensar em atividades profiláticas preventivas. Nessa direção, a prevenção teria que começar, necessariamente, com a assistência e o cuidado com esse período da primeiríssima infância, com todo tipo de suporte, atenção e informação às mães (ou pessoas que fazem o papel da mãe) nessa relação inicial mãe--bebê, procurando dar as condições ambientais (sociais e individuais) para que as mães (e pais), enfim os que se ocupam dos bebês, pudessem exercer seu papel, o que pode parecer simples, mas exige uma ampla gama de atitudes e cuidados nos mais diversos tipos de ambientes sociais. Na parte do desenvolvimento teórico deste capítulo, procurei esclarecer e descrever alguma das características do que ocorre na relação mãe-bebê nessa fase inicial, também chamada por Winnicott de fase da dependência absoluta, na qual o ambiente (a mãe-ambiente) deve se adaptar às necessidades do bebê (tanto instintuais como, de uma maneira mais geral, suas necessidades de ser que também não se reduzem a atender as necessidades instintuais) no fornecer uma relação estável, previsível e na qual a mãe atende, suficientemente (ou seja, antes que o bebê perca a esperança de ser atendido), as suas necessidades de contato, de sustentação, de ter seus gestos atendidos, de ter suas excitações instintuais também atendidas. Certamente há muitos programas voltados para os cuidados da relação mãe-bebê, mas o que ressalto aqui é que, a meu ver, esse é o caminho para a prevenção das adicções.

Muitos problemas eclodem na adolescência, mas têm origem nessa primeira infância, e se ela não for cuidada, pouco adiantarão todas as informações sobre os riscos das adicções que são passadas na adolescência, na vida adulta e na maioria das campanhas no combate às drogas.

No que se refere especificamente aos relacionamentos adictivos, em geral, valem as mesmas prescrições. No entanto, por serem, ou estarem por sua própria natureza, colocados com um problema mais próximo das relações interpessoais, caberia, quando encontrado tal sintoma, nos remetermos tanto às questões que geram adicções, quanto à questão do que o ambiente atual poderia fazer (e modificar-se) para que o relacionamento adictivo não fosse uma droga, mas uma possibilidade de encontro no outro daquilo que se procura no ambiente e em si mesmo.

Quanto à maneira de cuidar psicanaliticamente de um paciente adicto, creio que a orientação geral é procurar fornecer uma sustentação ambiental e emocional para que o paciente possa ter experiências nas quais possa encontrar a si mesmo. Isso pode ocorrer de diversas maneiras, todas referidas ao que analisei como sendo (para Winnicott e para McDougall) os fenômenos que estariam na origem desse tipo de sintoma. Primeiro, referindo essa adicção aos fenômenos transicionais, possibilitar ao paciente experienciar a ação de brincar, com a experimentação dos fenômenos transicionais, o que dependerá da possibilidade do analista poder compartilhar essa ação com o paciente. Depois, num extremo, antes do momento em que iniciam os fenômenos transicionais, as experiências de ser que dependem de uma grande adaptação ambiental, onde o analista, por assim dizer na linguagem de Winnicott, se coloca no lugar dos objetos subjetivos do paciente, cuidando para ser aquilo que o paciente criou em função da sua necessidade, tal como a mãe que se adapta às necessidades do bebê sem que o bebê perceba que ela existe enquanto objeto externo. E, por fim, no outro extremo, depois do momento em que se iniciaram os fenômenos transicionais, estabelecer relações em que a relação com o outro, reconhecido como externo, não leve o paciente procurar ser como o outro, ou seja, manter-se na relação transferencial (que pode ser num cenário de relação dual ou num cenário de relação a três próprio do quadro edípico) como um outro que marca as especificidades dos modos de ser do paciente, as especificidades do que ele é enquanto uma pessoa inteira.

De um modo ou de outro, retomando o que parece ser descrito como uma situação muito ampla, trata-se de criar as situações que possam levar o paciente a experimentar a si mesmo, a reconhecer-se em si mesmo sem se confundir com o outro, e isso passa, necessariamente, pela retomada das falhas ambientais vividas pelo paciente e, portanto, um tipo de regressão à dependência (nem sempre é uma regressão à dependência, mas uma relação de confiança, de estabilidade, agora, do analista, num ambiente controlado e mais confiável) para que ele possa, então, desenvolver-se no encontro de si mesmo, seguindo, aqui, o sugestivo título do livro de Robert Sweden, *Regressão à dependência. Uma segunda oportunidade para a integração do ego e a progressão do desenvolvimento*[32]. No entanto, ainda que esta seja a direção geral, cabe notar e explicitar que tal perspectiva de entendimento não significa que todos os pacientes deverão retornar a um estado de dependência absoluta, num tratamento psicoterápico em relação ao analista, mas, sim, que há vários graus e necessidades de retorno à dependência, vários tipos de angústia, como fatores determinantes, que variam em diversos graus e maneiras e, portanto, necessitam de cuidados específicos.

32 Sweden 1995.

6. Tipos de relacionamentos adictivos[1]

Há relacionamentos que funcionam na mesma dinâmica psicopatológica das adicções, com o mesmo grau de dependência, toxicidade, sofrimento e destruição e/ou agressividade que caracteriza as adicções a substâncias químicas e a outros objetos-droga (jogo, sexo, internet, pornografia etc.).[2] Aprofundando a percepção e a diferenciação dos diversos relacionamentos aditivos, analisando casos em que a relação conjugal é vivida como se fosse um tipo de adicção, encontrei alguns tipos ou modos de relacionamento que se repetem e podem, portanto, ser apresentados para que o clínico esteja mais aparelhado para apreender e tratar desses casos. Pensando na minha proposta, lembro do comentário que Freud faz justificando por que ele escreve casos clínicos:

---

1 Texto estabelecido a partir de conferência apresentada no Instituto Sedes Sapientiae, no evento organizado pelo grupo "O Barato no Divã", realizado em 16/5/2015, em São Paulo.

2 Analisei este fenômeno e este tipo de sintoma no meu livro *Relacionamentos adictivos. Vício e dependência do outro* (Humberg 2016), resultado de minha tese de doutorado.

> *Ora, eu penso que o médico não assume somente deveres em relação a cada um de seus pacientes, mas também em relação à ciência. Em relação à ciência, não quer dizer, no fundo, outra coisa senão em relação aos numerosos doentes que sofrem ou sofrerão um dia da mesma coisa.*[3]

Este capítulo tem, pois, o mesmo objetivo.

Já apresentei minha compreensão das adicções com base na perspectiva proposta por Donald Winnicott e Joyce McDougall, ressaltando a afirmação de Winnicott que considera que as adicções são um tipo de problema cuja gênese está relacionada com falhas que ocorreram na fase da transicionalidade, bem como os desenvolvimentos dessa perspectiva de entendimento, feitos por McDougall, chegando, então, a caracterizar, teórica e descritivamente, os *relacionamentos adictivos* como um tipo específico de adicção. Nessa direção de entendimento, procurei mostrar que os relacionamentos adictivos correspondem a modos de defesa contra três tipos de angústia: as angústias impensáveis; as que derivam de falhas na vivência dos fenômenos transicionais; as decorrentes da deprivação em um momento em que os indivíduos já têm uma certa organização psíquica que possibilita a distinção Eu-Não eu.

Isto posto, apresento a distinção, mais propriamente descritiva do que teórica, de alguns exemplos ou tipos de relacionamentos aditivos que apreendi após mais de 20 anos atendendo esse tipo de problema e cuidado na minha prática clínica. No entanto, não me refiro a casos específicos, mas ao agrupamento do que encontrei como semelhante em diversos casos, destacando algumas dinâmicas ou modos de viver esse sintoma.

Os relacionamentos adictivos são, como todo sintoma (do ponto de vista da psicanálise), uma tentativa de resolução de um conflito ou

3 Freud 1905e, p. 8.

de uma situação traumática. A solução, patológica, tem um custo alto e gera outros sofrimentos. Na maioria dos casos, os relacionamentos adictivos são uma solução fracassada, a não ser que o relacionamento, em condições muito especiais, possa ser usado para prover o indivíduo nas suas necessidades de cuidado e reparação, fornecendo-lhe a sustentação ambiental que torna possível ao indivíduo cuidar de suas necessidades de acolhimento para poder desenvolver-se, integrar-se e alcançar alguma autonomia. Ou seja, em alguns casos de relacionamentos aditivos (nos quais a dependência profunda de um ou dos dois membros do casal é a tônica do relacionamento), é possível percorrer um caminho de reparação mútua para cuidar de traumas e falhas ambientais vividos no passado; diferencia-se das formas patológicas não tanto por sua natureza, mas por sua intensidade ou rigidez. Em todos os casos, os sintomas são tentativas de cura ou de defesa contra as angústias advindas do ser-com-o-outro-no-mundo: defesas referidas ao relacionamento com o outro (as neuróticas), à aniquilação do self (as psicóticas) ou contra a instabilidade de si e do ambiente que impossibilita sentir-se existindo como real no relacionamento com os outros em uma situação de instabilidade (as depressivas). Creio que os adictos e os relacionamentos adictivos também procuram, nesses sintomas, a defesa para suas angústias, defesas mais próximas aos modos de ser, defensivos, psicótico e depressivo.

Vejamos alguns tipos de relacionamentos conjugais adictivos, apreendidos ao longo de alguns anos de trabalho com esse tipo de paciente em tratamento psicoterápico psicanalítico:

a. o casal adicto à vida conjugal centrada em brigas (talvez a forma mais comum de reconhecermos os relacionamentos adictivos);
b. o casal adicto cuja droga são os filhos;
c. o indivíduo adicto à conquista;
d. o indivíduo que precisa estar casado, mesmo não estando;
e. o indivíduo que não pode estar casado, mesmo precisando;
f. o casal que busca ajuda, mas não consegue chegar ao tratamento;

g. o relacionamento adictivo como ambiente suficientemente bom que leva ao desenvolvimento e à integração de cada um dos membros do casal.

Casais adictos à vida conjugal centrada em brigas

Há casais que vivem a vida conjugal como uma situação de constante briga e insatisfação expressa de forma constante. Estão sempre se agredindo e parece haver uma grande excitação nesse modo de relacionamento. Pode-se afirmar que, paradoxalmente, é justamente via briga e agressões mútuas (verbais e mesmo corporais) que o casal se mantém unido. O cenário ou situação se repete e, sem isso, são levados à ruptura: eles precisam disso. O centro da preocupação do relacionamento adictivo é a reclamação ou o ataque ao outro, pois este não é como "deveria ser". Diz Caratozzolo nesse sentido:

> *Um observador leigo pode concluir facilmente que este casal se escolheu erroneamente e que estão pagando as consequências de seu erro. Mas o amor não é cego e os casais que se relacionam violentamente não se equivocaram. O que acontece é que, em um grande número de casos, a escolha se estabeleceu com base em uma contradição entre dois sistemas: enquanto o sistema consciente aspira certo ideal de casal, o [sistema] inconsciente está comprometido com esse outro tipo de vínculo [em conflito]. Desse modo, se instala um conflito – como em tantos outros aspectos da vida psíquica – que resultará em algo que considera a força relativa de ambas as tendências.*[4]

4 Caratozzolo 1996, p. 106.

Cabe notar que frases e sentimentos como "não posso viver sem ela/ele", "com tudo que dou, ele(a) não precisa de mais nada", "prefiro morrer que perdê-lo(la)", "vivo para ele(a)" mostram o tipo de vínculo que demonstra a maneira como estão escravizados e dependentes um do outro.

Nesse tipo de situação ou comportamento, podemos distinguir duas grandes dinâmicas e seus objetivos (certamente nas dinâmicas psicoafetivas inconscientes dessas pessoas):

1. Trata-se de um tipo de excitação a partir da qual os dois sentem que algo se integra neles, como se o ódio em relação ao outro pudesse servir como forma de integrar o indivíduo nele mesmo. Nesse sentido, é importante lembrar uma citação de Winnicott considerando que a integração de si mesmo pode advir de duas direções ou fontes: uma externa e outra interna. A externa diz respeito aos cuidados ambientais adequados, que não empurram nem puxam o indivíduo, atendendo-lhes as necessidades e dando-lhes a possibilidade de seguirem suas vidas a partir de si mesmos; a outra, interna, diz respeito a excitações corporais intensas que, por percorrerem e tomarem conta de todo o indivíduo, fornecem-lhe a noção ou experiência de unidade. Diz Winnicott nesse sentido:

> *A tendência a integrar-se é ajudada por dois conjuntos de experiências: a técnica de cuidados do bebê pela qual o bebê é mantido aquecido, manuseado e banhado e ninado e chamado pelo nome, e também as agudas experiências instintivas que tendem a aglutinar a personalidade a partir de dentro.*[5]

5 Winnicott 1945d, p. 289.

2. A briga advém da impossibilidade de reconhecimento do outro, e daí sua constante insistência em fazer do outro aquilo que se espera que ele seja. Por outro lado, são pessoas que também sentem a impossibilidade de ficarem sós. Nesse sentido, eles mantêm a vida conjugal em um constante tentar fazer o outro como eles desejam que seja, uma missão impossível, fadada ao fracasso e fonte de intenso sofrimento.

Há, ainda, modos diferentes de viver em briga, ou tipos de relacionamentos adictivos no contexto de briga e agressões constantes. Consegui observar três tipos ou três padrões, a partir dos meus atendimentos, apresentando-os *como se fossem* casos clínicos,[6] organizando-os a partir das seguintes situações clínicas que caracterizavam alguns casais: o da luta descontrolada, o da preocupação excessiva com a aparência e o que revela um desamparo generalizado. Na verdade, nos casos reais, esses tipos se misturam, aparecendo um pouco dessas características em cada um deles, mas nos casos ficcionais que estou apresentando com fins didáticos, cada uma dessas características aparece de forma separada e exacerbada. Vejamos, sucintamente, as características de cada um deles.

No primeiro tipo, pode-se reconhecer casais que estão reduzidos à relação de confronto mútuo. Poderíamos denominar esse tipo como o da *luta descontrolada*, situação na qual a discussão, a violência e o ataque ao outro parecem ocupar a totalidade da vida conjugal, um cenário onde o desencontro e a violência reinam.

No segundo tipo, encontramos uma preocupação com as aparências, fazendo que, mesmo no clima de desconforto e desencontro, os

6 Esses tipos foram construídos a partir de casos reais, nos quais foram amalgamados dados de diversos casos com sintomas semelhantes, o que acabou por modificar significativamente a história inicial, mantendo, no entanto, a estrutura do caso atendido, *como se* fosse um caso real.

dois membros do casal procurem se "mostrar" bem para a sociedade. Poderíamos denominar esse tipo como o do "*triste sorriso nas fotos*". São casais que, mesmo vivendo numa situação de tensão e enfrentamento constantes, parecem se preocupar intensamente com o que é, ou deveria ser, a sua imagem para os outros. Parecem, pois, se importar muito mais com o que os outros pensam do que com o que realmente se passa com cada um. Parecem que estão preocupados em *aparecer bem nas fotos*, mesmo que, atrás das fachadas, os sorrisos sejam tristes.

No terceiro tipo, temos a situação de desamparo generalizado. Nesses casos, cada um dos membros do casal se sente e se apresenta como extremamente fraco, fragilizado, sem ter onde se apoiar e, ao mesmo tempo, procurando se defender desse desamparo, acusa e cobra do outro a solução de tal situação. Aqui, também a expressão popular "em casa que não tem pão, todo mundo briga e ninguém tem razão" pode expressar o que ocorre nessa situação, considerando que *pão*, aqui, significa sustentação e compreensão do outro.

O casal adicto cuja droga são os filhos

É comum encontrarmos casais cuja vida é totalmente dedicada aos filhos, mas sem nenhuma intimidade ou mesmo nenhuma compreensão e comunicação entre eles, a não ser no que se refere aos filhos. Parece que, nesses casos, ambos se dedicam a refazer o ambiente que pode cuidar dos filhos, quase que como uma reparação do ambiente falho que os fez na vida, numa tentativa de reparação que jamais chega neles mesmos e permanece também como uma ação que consome a vida sem chegar no que, inconscientemente, esperam das suas ações de cuidadores. Nesses casos, o casal toma os filhos como a sua droga, vivendo totalmente em função deles, inclusive impossibilitando que eles sejam independentes. São pais eternos com filhos (crianças) eternos.

O indivíduo adicto à conquista

Há pessoas que vivem na busca dos momentos de excitação que constituem a situação de sedução e conquista, tendo nessa excitação o sentimento de euforia semelhante ao do uso de drogas. O indivíduo busca, em termos impessoais, o outro como modo de fornecer-lhe a sensação de ser. A pessoa sente que só pode ser alguém, ter algum valor, se sempre conquistar alguém. Chegando a si mesmos dessa maneira, sentem-se plenos, mas isso dura somente o mesmo tempo da situação de conquista; terminada, tudo volta ao zero, e é necessário começar tudo de novo. Parece ocorrer aquilo que tão bem colocou Carlos Drummond de Andrade no poema *Quero*, onde a frase "Eu te amo" só vale para o presente e, passado o presente, o outro pode já não amar e o desejoso do "eu te amo" precisa novamente da afirmação do amor, a cada segundo e sempre, sem fim, pois o presente sempre passa.

A falha na conquista e o momento passado da conquista jogam o indivíduo no vazio de si mesmo.

O indivíduo que precisa estar casado, mesmo não estando

Há muitos casamentos que são extremamente insatisfatórios, mas, mesmo assim, não levam os cônjuges a se separarem. Há, certamente, muitas razões para isso, mas há alguns casos em que o indivíduo precisa dessa situação social e pessoal como uma prova ou "prótese" que diz a ele que o vazio que ele sente está preenchido de alguma maneira. A possibilidade de não estar casado significa voltar a um sentimento de vazio total, de estar num mundo sem chão, solto e caindo para sempre (tal como as *agonias impensáveis* a que se refere Winnicott). Ante essa possibilidade, ele suporta os males de um casamento ruim, ou seja, reativamente à sua angústia, ele se mantém numa situação ruim, mas que parece protegê-lo do pior.

Nesses casos, o indivíduo trata o casamento (o fato de poder caracterizar-se como casado) como a droga que o possibilita manter-se integrado e com uma identidade, ainda que o casamento não exista propriamente.

O indivíduo que não pode estar casado (não consegue se relacionar), mesmo precisando ("ninguém é suficiente para mim")

Numa situação quase que oposta à descrita anteriormente, há pessoas que não aceitam algo que não seja *tudo* para elas. Só um outro que seja totalmente de acordo com o que ele sente que precisa seria adequado para preencher seu vazio. *Nada menos do que tudo*, diria Winnicott. E, assim, ninguém é bom o suficiente, seja no caso de um narcisismo acentuado, seja no caso de uma desvalorização extrema de si mesmo ("eu não mereço estar com ninguém", fantasia que o indivíduo realiza evitando que alguém permaneça com ele).

O casal que busca ajuda, mas não consegue chegar ao tratamento

Há alguns casais adictos que procuram, mas jamais conseguem chegar aos tratamentos. Às vezes, eles querem vir (quando estão desesperados), mas depois acham que haverá uma solução mágica para solucionar todos os seus problemas, então, não vêm à consulta. Existe uma característica imediatista e, na hora do desespero, querem muito, mas, depois, passa. E existe toda a dificuldade de se vincularem, de esperarem o trabalho do tratamento, o que às vezes exige deles algo que não aguentam.

Quando o relacionamento adictivo tem resultados saudáveis

Queria terminar este capítulo relatando uma situação possível, encontrada tanto na vida cotidiana quanto nos consultórios, em que o relacionamento adictivo, nesse caso, com pessoas em geral mais maduras, pode servir como reconstrução da sustentação ambiental.

Esta talvez seja a situação na qual o relacionamento conjugal, mesmo sendo um relacionamento adictivo, atende às necessidades de cada cônjuge, fornecendo um tipo de integração e de apoio que parece corrigir, ao menos em parte, as falhas ambientais iniciais. Nesses casos, o relacionamento adictivo do casal fornece ao outro um ambiente afetivo e relacional que supre, ainda que sempre precise ser reiterado, a falha ambiental e/ou a falha transicional, e pode ajudar inclusive no amadurecimento dos dois.

Considerações finais

Os relacionamentos adictivos não acontecem só com casais. Podem acontecer entre pais e filhos, mães e filhos, entre amigos, parentes, colegas de trabalho, enfim, em qualquer relacionamento.

Em alguns casos, os relacionamentos adictivos podem amadurecer e resultar em formas mais saudáveis e possíveis de existência e relacionamento, levando os dois envolvidos a um amadurecimento maior. Certamente, há um caminho, um desenvolvimento e um amadurecimento individual a ser feito, o que pode ser profundamente ajudado por uma análise. Existem casos mais difíceis de cuidar, quando, por exemplo, sobrepõe-se a essa dependência do outro a dependência a drogas ou outros tipos de adicções.

É um fato, observado clinicamente, de que existem pessoas que conseguem paulatinamente moderar sua maneira de se relacionar, e outras, como em outros tipos de adicção, para as quais o único modo de lidar com o impulso à adicção é a abstinência. Para alguns, no caso aqui focado dos relacionamentos adictivos, é melhor ficar sozinho do que se relacionar adictivamente. Isso tem a ver com a fase em que ocorrem as falhas ambientais e também com a forma como a pessoa se desenvolve. É possível que angústias muito arcaicas sejam ativadas no encontro mais profundo com o outro e que, em consequência, viver com encontros mais superficiais não desperte a "fissura" pelo objeto droga (assim como um adicto a álcool muitas vezes precisa evitar passar perto do bar, andar com certas companhias ou ir a lugares que lhe despertem o desejo de beber).

Entretanto, para poder existir esse tipo de escolha, são necessários dois fatores e/ou acontecimentos, a saber:

1. A repetição da experiência, da vivência de o relacionamento adictivo (ou aquela droga) não fornecer o que a pessoa está buscando – não preenche seu vazio existencial, não possibilita o encontro de si mesmo. Além disso, após ultrapassar o momento inicial (no qual pode haver um apaziguamento momentâneo da angústia e apresentar-se até mesmo como um estado de euforia), há a percepção da insuficiência da solução adicta, com uma desilusão que intensifica o vazio existencial, dado que, somado ao fracasso da procura, é, portanto, uma perda da esperança.
2. O indivíduo precisa, ainda, ter chegado a um certo amadurecimento ou integração no qual o ficar só é possível com grandes limitações e custos existenciais, mas que, comparados à retomada das angústias impensáveis, são preferíveis. É preciso haver um certo amadurecimento para que o indivíduo possa conseguir conter, ainda que precariamente, e suportar as angústias existenciais, de modo que ele não seja impulsionado pela necessidade de descarregá-las a qualquer custo.

A compreensão do que procura o adicto, do que procura o relacionamento adictivo em termos da integração de si mesmo e de ter um lugar para viver a partir de si mesmo, pode ajudar na orientação dos cuidados clínicos e dos cuidados profiláticos desse problema individual, familiar e social.

7. Tipos de pessoa e tipos de comunicação no processo analítico

Toda psicoterapia depende de uma boa comunicação: poder ouvir e compreender, poder falar e se sentir ouvido. O que parece uma banalidade corresponde, no entanto, a uma tarefa por vezes difícil de ser realizada, e a catástrofe na comunicação pode ocupar o cenário do desencontro humano, seja no processo psicoterápico, seja na vida socioafetiva mais ampla. A comunicação depende, evidentemente, da capacidade do psicanalista para fazer o paciente se sentir entendido, visto, perceber que o analista pode apreender o que ele vê, do ponto de vista que ele vê. Se consideramos que cada paciente tem seu mundo próprio, seus valores semânticos e existenciais sempre individualizados – a ponto de Freud afirmar que a linguagem de cada paciente é como os hieróglifos egípcios que precisam ser decifrados pelo analista; cada paciente, pois, com um sistema semântico a ser decifrado pelo analista –, devemos analisar a comunicação como uma tarefa que depende tanto das especificidades do analista (sua riqueza cultural, sua disposição empática, sua possibilidade de compartilhar diversos temas e, certamente, sua capacidade de estar presente e constituir o ambiente adequado para que cada paciente se sinta estimulado a contar-se para o analista), quanto do paciente (seu mundo e seus interesses, seus modos de organização psíquica em termos dos diversos tipos de organização psicopatológica, suas expectativas em termos do tipo de pessoa que espera que possa cuidar dele, bem como de suas necessidades relacionais). Neste capítulo, abordarei, de maneira breve e esquemática, os tipos de pacientes e, portanto, os tipos de comunicação (ou de condições para que ela ocorra), fornecendo uma caracterização e/ou orientação para o trabalho clínico.[1]

Este capítulo procura, então, descrever e/ou caracterizar os diversos tipos de pessoas (no que se refere a seus modos de organização psicoafetivossocial) e tomar isso como base para colocarmos a questão: qual a maneira de me comunicar com esta ou aquela pessoa? Para isso, proponho:

- apresentar uma teoria do desenvolvimento emocional;
- indicar os diversos tipos de desenvolvimento e integração emocional, caracterizando, assim, os diversos tipos de pessoas;
- mostrar que tipo de cuidado cada tipo de pessoa precisa, dado que isso aponta para o tipo de manejo necessário para que o encontro clínico possa ocorrer.

1 Outro foco seria, evidentemente, a análise das características ou qualidades necessárias ao psicanalista – seja em termos da sua personalidade socioafetiva (necessariamente deve ser uma pessoa integrada, com uma vida relacional suficiente para atender suas necessidades afetivas, instintuais e não instintuais), seja em termos da sua formação (teoria e prática psicanalítica e, evidentemente, a compreensão de uma teoria do desenvolvimento, seja no seu curso saudável, seja nas suas perturbações e reações psicopatológicas) –, mas este seria outro tema, reservado para uma outra oportunidade ou proposta.

A teoria do desenvolvimento emocional

Winnicott é um autor que apresentou uma teoria do desenvolvimento emocional composta por fases, inclusive cronologicamente estabelecidas, nas quais são descritas as conquistas, as tarefas e os modos de se relacionar com o outro, desde a origem do ser humano até a sua velhice, descrevendo não só o que ocorre na saúde e os diversos modos saudáveis de organizar-se psiquicamente e de se relacionar com o outro, mas também ofereceu uma compreensão dos diversos modos de organização patológica, identificando suas origens.[2]

Colocarei em destaque alguns elementos dessa teoria, tendo como objetivo especificar os três grandes tipos de organização psíquica ou três tipos de pessoas com as quais nos deparamos na vida cotidiana e no nosso trabalho:

1. O desenvolvimento emocional, para Winnicott, corresponde a uma linha que vai do estado de não integração para os diversos tipos de integração da vida psíquica; da imaturidade inicial para apreender a si mesmo e ao outro como sendo distintos, até o momento em que eu e outro são vividos como sendo dois; do estado de dependência absoluta do início ao estado de independência relativa da maturidade.
2. O impulso básico da existência e da própria natureza humana é a necessidade de ser e continuar sendo.
3. A saúde, como um estado de conquista do desenvolvimento, é um modo de ser-estar no mundo, tal como caracteriza Winnicott:

2 Para uma compreensão teórica e descritiva do processo de desenvolvimento emocional, do ponto de vista de Winnicott, podemos acessar tanto alguns textos centrais de Winnicott – dentre eles, o livro *Natureza humana* (1988) – quanto alguns de seus comentadores, citando, por exemplo, os que apresentaram perspectivas que sistematizam seu pensamento: Abram 2008; Dias 2003; Fulgencio 2020c; Phillips 1988; Spelman 2013a; 2013b.

> *A vida de um indivíduo saudável é caracterizada tanto por medos, sentimentos conflitantes, dúvidas e frustrações como por características positivas. O principal é que o homem ou a mulher sintam que estão vivendo a própria vida, assumindo responsabilidade pela ação ou pela inatividade, e sejam capazes de assumir o crédito pelo sucesso e a culpa pelas falhas. Em outras palavras, pode-se dizer que o indivíduo passou da dependência para a independência, ou para a autonomia.*[3]

4. No que se refere especificamente às *fases do desenvolvimento do lactente*, Winnicott[4] distingue três grandes períodos: o da *dependência absoluta*; o da *dependência relativa*; e o do período *rumo à independência*. Todos caracterizados em função das relações de dependência que esse lactente tem com a mãe e/ou mãe-ambiente. Retomo, sinteticamente, como ele caracteriza essas fases:
   a. na *dependência absoluta* (da origem até aproximadamente o 4º mês), o lactente não tem meios de perceber o cuidado materno, que é em grande parte uma questão de profilaxia. Cabe ao ambiente (ao cuidador) adaptar-se para atender às necessidades do bebê;
   b. na *dependência relativa* (do 4º mês até 1,5 ano), o lactente pode começar a se dar conta da necessidade de detalhes do cuidado materno, e pode de modo crescente relacioná-los ao impulso pessoal. Pouco a pouco, o ambiente vai surgindo e mostrando-se como algo externo do qual o bebê-criança depende. Ao final dessa fase, o indivíduo se integra num Eu e percebe que há um mundo não-Eu diferente e externo a ele (mantendo e apreendendo suas relações como se fossem dois corpos);

3 Winnicott 1971f, p. 29.

4 Winnicott 1960c, pp. 56-57.

c. e na fase *rumo à independência* (de 1,5 ano em diante), a criança, tendo chegado num Eu, faz diversas outras integrações, chegando primeiro a constituir-se como uma pessoa inteira (*whole person*), mantendo e apreendendo suas relações como se fossem três corpos. É chegando a esta maturidade que pode viver relações do tipo edípicas, tendo que administrar a vida instintual nas relações interpessoais. Essa fase, por ser muito longa, foi subdividida e renomeada, por Fulgencio, em duas fases: a da *independência relativa infantil* (de 1,5 ano até o período de latência) e o da *independência relativa adulta* (da adolescência até a morte).

Os diversos tipos de pessoas

Winnicott considera, grosso modo, que existem três grandes modos de ser-estar-relacionar-se no mundo, relacionados a cada uma das três fases (ainda que, numa visão mais detalhada, isso se amplie e se mostre muito mais complicado do que está sendo aqui apontado como sendo 3 tipos de pessoas): as *pessoas inteiras*, que se apreendem e funcionam, consigo mesmas e com os outros, como pessoas inteiras, distinguindo o eu do outro, o dentro e o fora e, dentro de certos limites, a fantasia da realidade (os neuróticos); as *pessoas recém-chegadas nesta condição*, que têm, portanto, dúvidas quanto à sua estabilidade, oscilando no seu humor (os deprimidos); e *aqueles que são não integrados ou desintegrados* (os psicóticos).[5]

Com base nesse esboço, podemos retomar alguns comentários de Winnicott na procura de uma descrição nosográfica dos modos de organização psíquica, distinguindo (ainda que haja sobreposições nessa distinção): as psicoses, as psiconeuroses, as depressões, as paranoias e as psicopatias. Assim, temos:

5 Cf. Winnicott 1955d, pp. 463-464.

1. *Digamos, na psicose, há um transtorno que envolve a estrutura da personalidade. Pode-se mostrar que o paciente se acha desintegrado, ou irreal, ou fora de contato com o seu próprio corpo ou com aquilo que nós, como observadores, chamamos de realidade externa. Os problemas do psicótico são dessa ordem.*[6]

2. *Em comparação na psiconeurose, o paciente existe como pessoa, é uma pessoa total, que reconhece objetos como totais; acha-se bem-alojado em seu corpo e a capacidade de relacionamentos objetais está bem-estabelecida. Desde este ponto de vista, o paciente encontra-se em dificuldades, e estas surgem dos conflitos que resultam da experiência de relacionamentos objetais.* [7]

3. *Em algum lugar entre a psicose e a psiconeurose entra a depressão. Nesta, a estrutura da personalidade é relativamente bem-estabelecida. Podemos lidar com esta complicação dizendo que há depressões que são bastante psicóticas, com coisas como estados de despersonalização fazendo parte do quadro, e que há depressões que são praticamente psiconeuroses. Em qualquer dos casos, o paciente se encontra em dificuldades com as ideias e impulsos destrutivos que acompanham a experiência dos relacionamentos objetais.*[8]

4. *A paranoia pode ocorrer como um tipo de funcionamento mais próximo das neuroses (pessoas integradas) ou mais próximo das psicoses (pessoas não integradas),*

---

6 Winnicott 1989vl, pp. 53-54.

7 Winnicott 1989vl, pp. 53-54.

8 Winnicott 1989vl, pp. 53-54.

ambas acentuando o aspecto persecutório ou "agressivo' do ambiente[9]".

5. *As psicopatias (tendência antissocial). As crianças com uma tendência antissocial merecem uma classificação toda sua, porque elas podem ser, essencialmente, normais ou psiconeuróticas ou depressivas ou psicóticas. O fato é que se tem de pensar em sua sintomatologia em termos de valor de dano. A tendência antissocial representa um SOS ou o* cri de coeur *da criança que, em um estágio ou outro foi deprivada [ou seja, ela perdeu algo que tinha, o que é diferente de não ter tido, como é o caso da privação] da provisão ambiental que seria apropriada na idade em que lhe faltou. A deprivação alterou a vida da criança; causou-lhe aflição intolerável e a criança está com a razão em reclamar o reconhecimento do fato de que "as coisas estavam bem e depois, não ficaram bem" e de que isto constituiu um fator externo, fora do controle da criança. Uma criança desse tipo acha-se engajada em retornar, através da deprivação e da aflição intolerável, ao estado que existia antes da deprivação, quando as coisas não eram muito ruins. Não podemos classificar este estado, que pode conduzir à delinquência ou à reincidência, junto com os outros estados que etiquetamos com as palavras psicose, depressão e psiconeurose.*[10]

9 Winnicott 1989vl, pp. 53-54.

10 Winnicott 1989vl, p. 54.

Como cuidar e se comunicar com cada uma dessas pessoas

Cada tipo de pessoa precisa de um tipo de cuidado, logo um tipo de comunicação específica, a saber:

1. Pessoas inteiras: têm uma distinção eu-mundo bem consolidada (são os neuróticos, de forma geral), com a possibilidade de pensar tanto sobre fatos objetivos quanto sobre enunciados abstratos, simbólicos, conceituais. Com estes, a comunicação fica focada nos conteúdos e raciocínios argumentativos sobre a realidade, as pessoas, as situações, os conflitos etc. Pode-se contar com aquilo que caracterizamos como sendo o "bom senso". No trabalho com pessoas desse tipo, dedicamo-nos a analisar as suas dificuldades na administração do amor e do ódio nas relações interpessoais, os conflitos, ambiguidades, culpas etc. Às vezes, dizemos que o trabalho com o neurótico é ajudá-lo a diferenciar o que é a realidade objetiva e o que é "esta realidade objetiva povoada por seus desejos, vontades, fantasias, sonhos etc.".
2. Pessoas recém-integradas: dependem da sustentação e da confiabilidade ambiental para que possam sentir-se integradas e poderem, assim, funcionar como pessoas inteiras. Essas pessoas sofrem porque têm dúvidas sobre seu estado emocional e sobre a sustentabilidade do mundo. A comunicação com elas só pode ocorrer depois de atendidas as necessidades de confiança e estabilidade do ambiente (confiança e estabilidade do interlocutor que está conversando com ela). A desconfiança é um parâmetro inicial a ser ultrapassado. Essas pessoas vão testar a confiabilidade do ambiente. No trabalho com essas pessoas, deparamos com problemas de humor, elas têm dúvidas sobre serem inteiras (vão testar se isto é verdade), o ambiente deve sobreviver (ou seja, sobreviver afetivamente, não retaliar) aos usos que o paciente faz do ambiente.

3. Pessoas não integradas: (em geral, psicóticos) não diferenciam entre seu mundo próprio e a realidade, aliás, tentam impor seu mundo (sua realidade) aos outros, seja por imposição direta ou por manipulação. A comunicação com elas não se dá, inicialmente, em função das informações ou conteúdos objetivos, mas em função de um tipo de apoio e suporte ambiental a elas (não àquilo que elas dizem ou afirmam). Elas buscam a dependência; elas precisam sentir-se entendidas e aceitas. Somente depois de ter alcançado esse patamar no relacionamento é que se pode começar a tentar compreender e diferenciar a realidade pessoal da realidade objetiva. É como se a pessoa vivesse no seu sonho. No trabalho com essas pessoas, elas precisam de sustentação ambiental e dependência, tal como a mãe sustenta o bebê, tal como o sistema hidráulico sustenta um carro.
4. Pessoas com sintomas antissociais: podem estar mais ou menos integradas, tal como nas descrições anteriores, mas acrescenta-se o fato de que elas "buscam, em primeiro lugar, a si mesmas e à confiabilidade ambiental". O *antissocial* busca ser recompensado por aquilo que sente como tendo sido uma falha do ambiente (como se o ambiente lhe devesse): seja solicitando que o ambiente volte a ser confiável (agredindo o ambiente), seja retirando do ambiente (furto, roubo etc.) "coisas" em reação ao fato de que ele sente que foi "roubado" pelo ambiente. Inicialmente, quando os ganhos secundários ainda não se instalaram como padrão, trata-se de fornecer provisão ambiental. No entanto, uma vez instalados os ganhos secundários, ou seja, uma vez tendo a organização delinquente se estabelecido como um padrão no modo de ser-estar-relacionar-se do indivíduo, estes precisam ter ambientes que os contenham, para o bem dos outros e deles mesmos (nos seus graus mais diversos).
5. Os adictos constituem um conjunto amplo, que não se referem propriamente a um tipo de organização psíquica, mas a um sintoma

que pode estar presente em diversos tipos de pessoas (integradas, recém-integradas, não integradas), podendo também esse sintoma ser associado às atitudes antissociais, ressaltando que a adicção pode ser química (álcool, drogas, remédios lícitos e ilícitos) ou de outro tipo como adicção a compras, sexo, internet e, também, caso específico, as pessoas que são adictas a outra pessoa (têm relação de dependência adictiva do outro). Não haveria uma orientação padrão, ou única, para comunicar-se com pessoas que têm esse sintoma, mas a compreensão de que o adicto procura a si mesmo, e não propriamente ao prazer, pode ajudar no contato com eles.

Sabemos, no entanto, que a comunicação que ocorre no ambiente ou *setting* clínico está regrada por objetivos e modos de presença muito diferentes da comunicação que ocorre em outros contextos. Um ladrão perverso, mentiroso, pode, no contexto psicoterápico, em função da confiabilidade e garantia do *setting* clínico, ser sincero e verdadeiro ao descrever sua história, suas intenções, suas ações, pois sabe que não será julgado e aquilo que enunciar não será usado contra ele. Em outros contextos, a confiabilidade também está determinada pelos lugares sociais ocupados.

Podemos, agora, salientar alguns aspectos descritos por Winnicott sobre a comunicação nas suas mais diversas situações e contextos.

Numa situação (*setting*) clínica, o paciente encontra um ambiente e um psicoterapeuta que não vão confrontá-lo diretamente com a realidade externa (procurando, primeiro, contribuir para a expressão da sua realidade interna e de seus significados). O paciente não é julgado, não é criticado, não é exigido dele nem coerência nem bom senso, nem mesmo que seja fidedigno à realidade externa... O que importa são os significados e os sentidos pessoais.

Na comunicação social, pelo contrário, exige-se coerência, veracidade, não contradição, adequação entre a realidade e o discurso sobre a realidade, objetividade, concordância sobre a ocorrência e o sentido dos fatos etc.

Diferenciado esses dois grandes contextos para a comunicação, é necessário colocar em evidência o fato de que, em ambos, a *confiabilidade* é uma das condições para que a comunicação possa ocorrer.

Aspectos gerais da comunicação: a ação de brincar como modelo da comunicação

Nos diversos contextos, no entanto, sempre estamos lidando com a comunicação: sua necessidade, seus limites, suas condições de possibilidade. Nesse sentido, gostaria, ainda, de fazer alguns comentários sobre a comunicação em geral.

Vou destacar duas situações do processo de desenvolvimento emocional saudável, que colocam em evidência dois modos primitivos (mas estruturais e repetidos na vida pessoal e cultural) dos modos de realizar a comunicação: a da relação mãe-bebê no período perinatal; e a que ocorre quando uma criança brinca sozinha ou com outra criança.

A situação mãe-bebê, na saúde, como um modelo de comunicação profunda e bem-sucedida

O bebê é um ser imaturo afetiva e cognitivamente, ele é não integrado em termos de sentir-se uma pessoa e reconhecer o mundo externo como externo; para ele não há uma realidade não self, ele quer algo em algum lugar sem saber o que necessita ou deseja; o ambiente suficientemente bom (a mãe suficientemente boa, que se comunica e atende às necessidades do bebê) se adapta ao bebê sem puxá-lo ou empurrá-lo. Nesse contexto, a mãe se adapta, interpretando as necessidades do bebê, atendendo-o: o bebê se sente visto e compreendido.

Uma citação de Winnicott, sobre esse tipo de adaptação ajuda a ter um modelo desse tipo de comunicação e de situação:

> *A continuidade do ser significa saúde. Se tomarmos como analogia uma bolha, podemos dizer que quando a pressão externa está adaptada à pressão interna, a bolha pode seguir existindo. Se estivéssemos falando de um bebê humano, diríamos "sendo". Se, por outro lado, a pressão no exterior da bolha for maior ou menor do que aquela em seu interior, a bolha passará a reagir à intrusão. Ela se modifica como reação a uma mudança no ambiente, e não a partir de um impulso próprio. Em termos do animal humano, isto significa uma interrupção no ser, e o lugar do ser é substituído pela reação à intrusão.*[11]

Winnicott também apresenta a situação inicial como sendo a de um círculo dentro de outro, explicitando que quando o ambiente sustenta o ser (feto, bebê, criança, adolescente e mesmo o adulto), este pode ser a partir de si mesmo, mas quando isso não ocorre, a vida é reativa, o que não é saudável (para o que nos interessa, nesse segundo caso a comunicação sofre um colapso!). Retomo os comentários de Winnicott:

Figura 1 | Figura 2

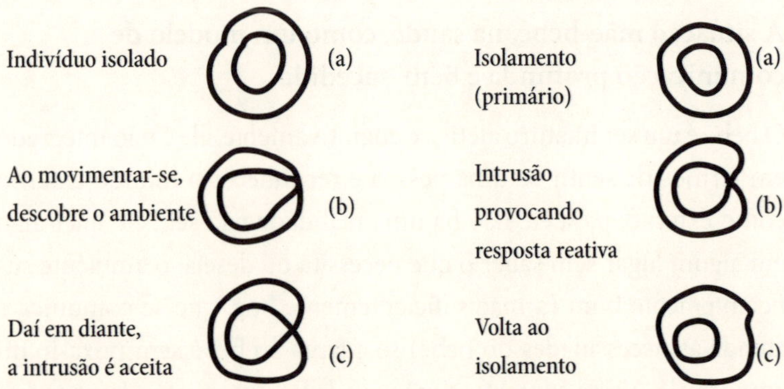

11 Winnicott 1988, p. 148.

A Figura 1 mostra como, por uma adaptação ativa às necessidades do bebê, o ambiente lhe permite manter-se em isolamento sem ser perturbado. O bebê de nada sabe. Nesse estado, ele faz um movimento espontâneo e o ambiente é descoberto sem perda do senso de si.

A Figura 2 mostra uma adaptação falha, que resulta em intrusão do ambiente sobre a criança, transformando o indivíduo em reativo a essa intrusão. O senso de si é perdido nessa situação, e só é readquirido com um retorno ao isolamento (note-se a introdução do fator tempo, significando que há um processo em andamento).[12]

Quando a situação de comunicação ocorre sem que haja invasão, submissão ou imposição, então o indivíduo (círculo interno, no caso o bebê) sente-se visto, sustentado, compreendido e, mais do que isso, toma o ambiente (o círculo externo) como algo positivo, algo que está a seu favor e lhe favorece (mesmo que o ambiente, o outro, não atenda todos os seus desejos, dado que o importante não é ser agradado, mas ser compreendido e respeitado). Por outro lado, se ocorre invasão, submissão, imposição, não compreensão etc., então, o indivíduo vai se defender, recolher, esconder, poderá até adaptar-se para proteger-se... Em termos gerais, a comunicação não pode ocorrer, o indivíduo vai se esconder.

O brincar como atividade de comunicação

Winnicott considera que a ação de brincar estabelece uma dinâmica relacional específica na qual o indivíduo cria e encontra a si mesmo e o outro, ele cria e encontra o objeto de sua brincadeira; a brincadeira faz parte tanto do mundo externo quando do mundo interno do indivíduo. Essa dinâmica, que surge inicialmente no mundo da criança, expande-se para todo o mundo cultural, constituindo um brincar adulto que, para Winnicott, é sinônimo de comunicação. Retomo,

---

12 Winnicott 1953a, pp. 398-400.

então, algumas citações de Winnicott, caracterizando o que é a atividade de brincar:

- "É no brincar, e talvez apenas no brincar, que a criança ou o adulto têm liberdade para serem criativos."[13]
- "É no brincar, e apenas no brincar, que a criança ou adulto conseguem ser criativos e utilizar toda a sua personalidade, e somente sendo criativo o indivíduo pode descobrir o *self*."[14]
- "O princípio geral que me parece válido é de que *a psicoterapia ocorre na intersecção entre duas áreas lúdicas: a do paciente e a do terapeuta*. Se o terapeuta é incapaz de brincar, ele não está apto para o trabalho. Se o paciente é incapaz de brincar, algo precisa ser feito para que se torne capaz disso, e só então a psicoterapia pode começar."[15]

Cabe esclarecer, no entanto, que brincar aqui tem um sentido muito mais amplo do que dar risada, fazer piada ou mesmo jogar com o outro. Para Winnicott, trata-se de uma atividade na qual um ser humano encontra o outro, encontra a si mesmo e ao outro, expressando a essência da própria natureza humana que é ser-com. Brincar aqui é sinônimo, então, de comunicar-se verdadeiramente. Na vida adulta, o amor, a amizade, a fraternidade, o trabalho, a arte, a religião etc., todas essas atividades podem ser realizadas na lógica da comunicação e do encontro profundo e verdadeiro, consigo mesmo e com o outro, ainda que, sabemos, nem sempre ocorra dessa maneira.

Winnicott reconhece na atividade de brincar algo que ele considera universal, seja na constituição do indivíduo seja no fundamento da cultura:

---

13 Winnicott 1971r, p. 91.

14 Winnicott 1971r, pp. 92-93.

15 Winnicott 1971r, p. 92.

> *Em outras palavras, é a brincadeira que é universal e que pertence ao âmbito da saúde; o brincar promove o crescimento e, portanto, a saúde; brincar leva aos relacionamentos de grupo; brincar pode ser uma forma de comunicação na psicoterapia; e, por fim, a psicanálise foi desenvolvida como forma altamente especializada de brincar, em prol da comunicação consigo mesmo e com os outros.*[16]

Quando a comunicação ocorre nessa dinâmica do estar-com, do brincar-com, há parceria e uma troca entre os que dialogam, que se vêm como parceiros, tal como ocorre nos jogos em que estabelecemos fortes laços afetivos com os que partilham conosco esse jogo.

Confusão de línguas: um colapso da comunicação

No encontro que procura a comunicação, temos, pois, estruturalmente, ao menos dois sujeitos trocando informações, sentimentos, ideias, com determinados significados etc.: um sujeito A que se comunica com um sujeito B. Mas e se eles não estiverem falando a mesma língua?

Sandor Ferenczi tem um texto muito importante, "Confusão de língua entre os adultos e a criança"[17], no qual ele comenta o fato de que, muitas vezes, a "linguagem do adulto" (ou o sentido dado às palavras pelo adulto) já está estruturada no quadro da compreensão do que é a *sexualidade*, enquanto a criança, ainda imatura para essa compreensão, tem uma linguagem referida à *ternura*. Muitas vezes, a maneira como o adulto fala, como significa as coisas, está em contraste (provocando não comunicação) com a maneira e o significado que a criança dá às palavras, às coisas, aos comportamentos.

---

16 Winnicott 1968i, p. 74.

17 Ferenczi 1933.

Devemos ter em mente essa questão da "confusão de línguas" também quando estamos falando com uma outra pessoa, dado que não é garantido que "falamos a mesma língua", uma vez que, apesar de usarmos as mesmas palavras, os sentidos podem ser diferentes. Portanto, precisamos ser capazes de "desenvolver o encontro", "estender um diálogo" para podermos apreender se não há uma situação como esta designada como "confusão de línguas".

Considerações finais

Ao final destas considerações, creio que posso fazer alguns destaques ou conclusões (ainda que parciais) importantes:

1. A comunicação depende da situação (ambiente) em que está colocada, dado que elas constituem posições, responsabilidades e objetivos diferentes.
2. A comunicação depende da confiabilidade, nos seus mais diversos níveis e limitações.
3. A comunicação bem-sucedida é sempre um contato pessoal, humano, no qual a transparência e a confiabilidade são condições para tal possibilidade.
4. Comunicar-se é estar-com. A brincadeira é o modelo da comunicação bem-sucedida, do encontro consigo mesmo e com o outro.

Esse conjunto de referências gerais sobre a comunicação, suas dinâmicas e suas condições de possibilidade pode, então, ser considerado no quadro da hipótese geral de meu texto, a saber: *cada tipo de pessoa, cada modo de integração, cada modo de ser-estar-no-mundo, tem uma estrutura geral relacional a ser considerada no processo de comunicação (diferenciando pessoas inteiras, recém-integradas e não integradas).*

Esse tipo de análise, do ponto de vista da psicologia, não resolve o problema da comunicação, mas fornece algumas orientações para que cada um, nos seus diversos *settings*, possa estar mais apto a fazer uma comunicação bem-sucedida.

8. A fobia persistente: o pavor da aniquilação do self[1]

Neste capítulo, quero abordar o problema clínico da *persistência* de sintomas fóbicos em pacientes em análise. Quero dedicar-me à compreensão de uma situação clínica na qual, apesar do trabalho analítico ter levado o paciente a alcançar um bom entendimento sobre a origem da fobia, referindo-se à história de vida e suas determinações inconscientes, o sintoma persiste. Ou seja, apesar do entendimento sobre a história do paciente – sobre sua história infantil, sobre os cuidados e falhas da mãe e/ou do ambiente materno –, mesmo sendo correta (e mostrar como foram as falhas ambientais), não arrefece o sintoma fóbico.

Inicialmente, com base e estrutura desse entendimento, é necessário fazer uma distinção entre a fobia oriunda de uma relação com objetos (conflito relacional), tal como é o caso do pequeno Hanns, ou

1 Este capítulo foi escrito a partir da conferência proferida no XVI Encontro Brasileiro sobre o Pensamento de Donald Winnicott, ambiente e *holding*, Minas Gerais, 2022.

oriunda da perda do objeto, num contexto dinâmico que podemos associar ao que Freud apresenta no seu texto "Luto e melancolia"[2], e a fobia com origem em um tipo de falha ambiental que aniquilou o self:

1. No primeiro caso, o desenvolvimento emocional e a organização psíquica do paciente já teria alcançado uma integração pessoal expressa na conquista de uma unidade (o EU, o sujeito psicológico) que não é posta em risco na relação com os objetos (com os outros, com o mundo). A fobia é uma defesa contra angústias que ameaçam o EU (conflito entre o Eu e ideias incompatíveis com o Eu; conflito entre desejos; conflito amor e ódio), mas não o aniquilam, tal como ocorre no caso do pequeno Hanns, em que a angústia de castração é projetada em objetos do mundo exterior (cavalos). O Eu ou a unidade do sujeito psicológico é ameaçada, mas não é aniquilada.
2. No segundo caso, que seria próximo ao primeiro, a perda do objeto amado – que na melancolia é acompanhada de uma identificação com o objeto, de modo que o sujeito recrimina a si mesmo quando, na verdade, está recriminando e atacando o objeto por ter sido deixado por ele, lembrando aqui a formulação clássica conhecida "a sombra do objeto recai sobre o eu" – é acompanhada do medo de que o objeto (projetado, mais ou menos diretamente sobre outros objetos) venha a atacar o indivíduo que sobreviveu à sua morte.
3. No terceiro caso, o desenvolvimento emocional e a organização psíquica do paciente ainda não teriam alcançado uma integração pessoal, estando o self (o EU, o sujeito psicológico) numa situação instável, na qual a falha ambiental, mais do que ameaça, teria efetivamente provocado (de forma pontual ou repetida) uma aniquilação. O ambiente não protegeu ou sustentou efetivamente o self, e essa falha resultou ou gerou a sua aniquilação, produzindo

2 Freud 1917e.

angústias de aniquilamento (ou angústias impensáveis) que retornarão, como sintoma, na vida adulta do paciente.

Certamente, uma análise detalhada desse sintoma nesses diferentes quadros me levaria a um trabalho muito mais amplo do que pretendo apresentar aqui. Meu objetivo, no entanto, não é a análise de todos esses casos, mas, sim, apoiado num caso clínico (na verdade, num conjunto de casos aqui amalgamados e apresentados como se fosse apenas um, o que, de modo epistemológico e metodológico, poderia ser caracterizado como uma ficção construída a partir da realidade), explicitar a permanência do sistema fóbico.

A paciente e seus sintomas

Recebi uma paciente, 35 anos, que busca análise (pela segunda vez, depois de uma primeira que durou dos seus 15 aos 23 anos) por causa de sintomas claustrofóbicos que acarretam diversas impossibilidades, por exemplo, fazer exames de ressonância magnética em tubos, frequentar lugares fechados como teatro, cinemas e restaurantes, com ambientes mais "íntimos", gerando situações de pânico e pavor insuportáveis. A simples programação de uma ida ao teatro gerava, às vezes com muita antecedência, tensão e angústias constantes, levando a paciente a recolher-se ainda mais em sua casa, único lugar em que se sentia protegida.

A história afetiva da paciente, na compreensão da origem da sua fobia

A análise segue, inicialmente, um curso comum: 2 sessões por semana, com a paciente descrevendo seus sintomas, sentimentos, angústias, e a concomitante pesquisa sobre sua história familiar afetiva. Com 6 anos, seus pais se separaram, e isto era lembrado como um momento de intensa perturbação: tendo ficado com a mãe, tinha medo dela (que era muito instável e impetuosa, vociferava ataques morais ao pai, não ordenada na condução das atividades de gestão da casa, muitas vezes dirigindo o carro em alta velocidade, além de variações de humor entre a mania e a depressão como oscilações comuns), tinha medo de ser envenenada, assassinada, e era uma criança excessivamente obediente. O pai, por sua vez, era lembrado como um homem dócil, mas deprimido e com pouca energia vital, que a paciente sentia como impotente para protegê-la. Nesse cenário, foi uma criança muito tímida e fechada em si mesma.

Com 15 anos, entrando na adolescência e oscilando entre comportamentos maníacos e depressivos – buscando nos relacionamentos com amigas e namorados modos de se sentir protegida, estabelecendo relações de intensa dependência –, procura uma psicoterapia psicanalítica pela primeira vez. Nesse momento, a paciente acha que tem uma *depressão* e os sintomas fóbicos não tinham, ainda, ocupado o centro de seus sofrimentos manifestos.

Nessa segunda análise comigo, reclama de seus sintomas fóbicos atuais. Ao longo desses anos, a paciente formou-se em advocacia e trabalhava com direito familiar, casou e teve dois filhos. O curso dessa segunda análise nos levou a falar-rememorar sua primeira infância. É nesse caminho que retomamos o conjunto de situações "apavorantes" vividas pela paciente na relação com a mãe, levando-a a se sentir extremamente insegura, com medo dela, medo de ser envenenada, assassinada, medo de que a mãe batesse o carro assassinando-a, apreendendo, então, a mãe não só como imprevisível no seu humor e falha na sua capacidade de *holding*, mas também uma possível agente de sua aniquilação.

O trabalho analítico parecia progredir bastante, produzindo um entendimento profundo sobre o conjunto de falhas ambientais vividas na relação com a mãe e com o pai, o reconhecimento das experiências de perigo, angústia e aniquilação que vivera. No entanto, o sintoma fóbico não arrefecia.

Retomarei, agora, alguns comentários de Winnicott sobre as falhas ambientais que geram aniquilamento do self e suas correspondentes angústias impensáveis, bem como a análise de Ogden sobre o medo do colapso, referindo-se a "vidas não vividas", buscando aprofundar a compreensão da situação clínica vivida por essa paciente.

Winnicott, as angústias impensáveis e os mecanismos de defesa

No texto "O medo do colapso"[3], Winnicott se refere a um tipo de falha ambiental na qual ocorre um colapso do self (aniquilação ou desintegração do self), num momento em que o paciente é imaturo (afetiva e cognitivamente) para apreender e defender-se dessa situação.[4] O paciente, sendo imaturo para entender, apreender e agir em relação às falhas de sustentação ambiental, é levado a sentir o que Winnicott

3 Winnicott 1974.

4 Ver também Winnicott 1989vk. Note-se, por exemplo, como Winnicott se refere ao surgimento da fobia, nos casos de pacientes que sofreram esse tipo de falha ambiental: "Nem todos os nossos pacientes que têm este medo queixam-se dele ao início de um tratamento. Alguns o fazem, mas outros têm suas defesas 'tão bem organizadas' que somente após o tratamento haver efetuado considerável progresso é que o medo do colapso vem para o primeiro plano como fator dominante. Exemplificando: um paciente pode ter diversas fobias e uma organização complexa para lidar com elas, de maneira que essa dependência não surge rapidamente na transferência. Finalmente, a dependência se torna um aspecto principal e, então, os equívocos e fracassos do analista se tornam causas diretas de fobias localizadas e, assim, do desencadeamento do medo do colapso" (Winnicott 1974, p. 71). O *medo do colapso* também pode estar associado a outros medos relacionados ao aqui descrito: "Essa ideia pode ser aplicada a outros medos afins, e dentre eles mencionei o medo da morte e a busca do vazio" (Winnicott 1974, pp.76).

caracterizou como sendo *angústias impensáveis* (por exemplo: *cair para sempre*, *ficar aos pedaços*, *perda do senso do real* etc.).[5]

Winnicott formula, então, sua já conhecida proposta sobre o que foi vivido, mas não experienciado pelo paciente, por causa da sua imaturidade, levando o paciente a temer, na vida adulta, o colapso que, na verdade, ocorreu no passado.

Retomando a situação de minha paciente em termos da compreensão de Winnicott, podemos dizer que: a mãe não ajudou a paciente a distinguir entre mundo externo e mundo interno; essa criança (minha paciente) não construiu recursos para lidar com as intensas oscilações maternas, levando-a a sentir que qualquer coisa poderia gerar uma catástrofe; essa criança também confundia (ou não distinguia) o que ela sentia como sendo "medos de seus sentimentos internos" e o "medo da mãe"; ela tinha, então, muitos medos (de ser envenenada, de acontecer uma catástrofe) como expressão do colapso que já ocorrera (com as falhas de sustentação); diante de tal situação angustiante, na adolescência, como tentativa de defender-se dessas angústias impensáveis, a paciente desenvolveu um tipo de armadura psíquica-relacional, um sintoma maníaco expresso na procura constante de um namorado do qual dependia e que dependia dela (o que, no entanto, não dissolveu suas angústias), como se procurasse a confiabilidade perdida quando da falha materna; na vida adulta, após um aborto espontâneo na sua primeira gravidez, a paciente ficou extremamente sensibilizada, e um incidente aparentemente pequeno

---

5 Ver Winnicott 1974, p. 72. Diz, ainda Winnicott, noutro lugar: "A ansiedade inimaginável tem só umas poucas variedades, sendo cada uma a chave de um aspecto do crescimento normal. 1. Despedaçar-se; 2. Cair para sempre; 3. Não ter conexão alguma com o corpo; 4. Não ter orientação. Pode-se reconhecer que essas são especificamente a essência das ansiedades psicóticas, e pertencem, clinicamente, a esquizofrenia ou ao aparecimento de um elemento esquizoide oculto em uma personalidade não psicótica nos demais aspectos" (Winnicott 1965n, p. 72).

(o elevador do prédio onde trabalhava desligou, mantendo-a fechada por 5 minutos) causou-lhe um ataque de pânico e, logo em seguida, os sintomas fóbicos surgiram de forma cada vez mais intensa.

Ogden e sua proposta de "vidas não vividas"

Em seu artigo "O medo do colapso e a vida não-vivida", Ogden[6] retoma a proposta de Winnicott, aprofundando o entendimento do *medo do colapso* como:

- um tipo de fracasso da organização defensiva;
- uma defesa contra um estado de coisas impensáveis;
- um colapso da consolidação da unidade do *self* na fase mais primitiva do desenvolvimento, num momento em que a mãe (mãe-ambiente, responsável pela sustentação da continuidade de ser da criança e, portanto, do seu self) falha, deixando o bebê sozinho, mais que isso, colocando seu self para administrar o que está além das suas capacidades (o self é aniquilado);
- essa falha de sustentação da mãe-ambiente gera tanto a aniquilação quanto a angústia de ser aniquilado, ou as angústias impensáveis;
- um fato ocorreu e a criança não tinha maturidade para administrá-lo sem ser aniquilada no seu self; algo grave ocorreu, mas não pôde ser integrado no self, daí a formulação de Ogden de que alguns pacientes *reclaiming unlived life*[7].

***

A criança viveu a falha ambiental, não teve sustentação para que pudesse ter uma experiência (mesmo que traumática) que ela

6 Ogden 2016a.

7 Ogden 2016b.

pudesse colocar, por assim dizer, no interior do self, dado que, naquele momento, ante àquele tipo de acontecimento da falha ambiental, o *self* foi aniquilado, ou seja, o *self* perde a sua sustentação e não tem uma autossustentação que possa dar a ele as condições de colocar tais acontecimentos em seu interior. Como modo de defesa – para recompor o self, esse tipo de acontecimento precisa ser "excluído" do campo em que se mantém íntegro –, esse tipo de falha materna é colocado como algo que, ao mesmo tempo, pertence ao self, mas está excluído do self (dado que ele não tem condições, por si mesmo, para lidar com isto), tornando tal acontecimento traumático, algo que é congelado, algo que foi "vivido, mas não experienciado", algo que fica esperando condições para ser integrado na vida do self, mas que, por outro lado, permanece assombrando o paciente, seja pelo medo de um colapso, seja, no caso da minha paciente, como uma fobia (ameaça constante associada a determinadas situações).

A fobia persistente

Um aspecto clínico que me chamou a atenção como um problema a ser ultrapassado nesse tratamento é o fato de que o entendimento não arrefeceu o sintoma na sua intensidade. Nesse sentido, o trabalho psicanalítico clássico de compreensão da história de vida do paciente, o entendimento pelo paciente dessa história (seus conflitos e seus traumas), num ambiente confiável, apesar de produzir um entendimento sobre o que ocorreu no passado, mesmo acompanhado das intensidades afetivas, não produzia uma eliminação ou diminuição do sintoma. Ou seja, foi necessário reconhecer que o *entendimento* não era suficiente... Algo mais precisava ser feito.

Uma pista ou indicação sobre o que precisaria ser feito pode ser encontrada na distinção entre o que Ogden[8] caracterizou como

8 Ogden 2020.

dois modos complementares de realizar a psicanálise: a necessidade de produzir *entendimento* (que ele denominou de psicanálise *epistemológica*, cujos principais representantes são Freud e Klein) e a necessidade de produzir *experiências* (que ele denominou psicanálise *ontológica*, cujos principais representantes são Winnicott e Bion).

Parece, pois, que o fundamental para tratar dessas fobias persistentes, reconhecidamente advindas de falhas ambientais primitivas, corresponde à necessidade de realizar, no processo analítico, experiências de realização e consolidação do self, grosso modo, via:

1. Analista que não tenha medo da loucura, dado que ele precisará ir junto com o paciente para o campo do colapso vivido, ou seja, o analista precisará compartilhar, num *setting* protegido, a possibilidade de experienciar um colapso já vivido (sem racionalizar ou sistematizar o vivido pelo paciente, o importante aqui é a vivência, e não o entendimento). A loucura ou o colapso precisa ser revivido para ser reparado, ou seja, para deixar de ser um fantasma ameaçador e passar a ser algo que ocorreu no passado e lá habita.
2. Isso poderia também ser enunciado como fornecer um *holding* reparador do *holding* que falhou no passado.
3. Como direção terapêutica, trata-se de fornecer os diversos tipos de sustentação ambiental para que o paciente possa experienciar ser a partir de si mesmo, seja retomando a dinâmica da sustentação ambiental primitiva (o analista no lugar do objeto subjetivo do paciente), seja no compartilhar dos fenômenos transicionais, seja, ainda, nas efetivas relações interpessoais (nas quais analista e paciente reconhecem-se ambos como pessoas inteiras) com o paciente podendo exercer espontaneamente seu modo de ser a partir de si mesmo.

9. Mães de bebês em UTI neonatal[1]

Este capítulo foi desenvolvido tendo como *base empírica* a observação de uma UTI neonatal em um hospital e maternidade privado de São Paulo, considerados serviços de excelência e modelo, tanto no Brasil como para toda a América Latina, no que se refere ao cuidado com bebês nessas situações. Como *base teórica*, em termos gerais, tem a teoria do desenvolvimento socioemocional tal como a encontramos em Winnicott[2] e, mais especificamente, a compreensão da situação mãe-bebê quando do nascimento de uma criança e dos cuidados necessários nos seus primeiros meses de vida, ambas perspectivas também articuladas com o entendimento que o casal Stern tem do desenvolvimento do sentimento de apego nas relações iniciais mãe-bebê[3].

---

1 Este capítulo foi escrito a partir de conferência apresentada no Simpósio "A clínica psicanalítica da primeira infância – Demandas e cuidados", organizado pela Sociedade Brasileira de Psicanálise, realizado de 29 a 30 de maio de 2015, na Sociedade Brasileira de Psicanálise em São Paulo.

2 Fulgencio 2020c.

3 Bruschweiler-Stern 2009; Stern 2002.

A situação da mãe quando seu bebê precisa ficar internado numa UTI neonatal – e ela não pode, total ou parcialmente, então, cuidar diretamente de seu bebê, não pode vê-lo quando quiser e, por vezes, nem mesmo tocá-lo e segurá-lo no colo, tornando-se uma espectadora dos cuidados técnicos e sendo informada por boletins médicos – corresponde a uma perturbação profunda no que ela é, sente e pode fazer, no mais das vezes, obscurecendo até mesmo o que ela pode entender (cognitiva e emocionalmente). Essa mulher, via de regra, com o nascimento de um bebê que, correndo risco de morte, é retirado, por assim dizer, dela, vive uma ruptura nas suas expectativas, uma quebra de tudo aquilo para o qual a situação da maternidade a estava preparando para realizar. Ela também é retirada de si mesma, impulsionada para dor, dúvida, conflitos e culpas, perturbando sua apreensão de si mesma como mulher, como mãe e até mesmo como a filha que foi e que estaria sendo recolocada numa linha de desenvolvimento geracional.

Quando uma mulher engravida e dá à luz o seu bebê, ela também realiza (em termos reais, imaginários e simbólicos) um dos modos de ser-mulher-no-mundo para o qual, em geral, ela foi preparada, impulsionada e alimentada, como um acontecimento que confirma e realiza sua identidade, seus valores e sua potência, individual e social. Um modo que conjuga um conjunto de valores socioculturais projetados (ou considerados) numa referência à sua constituição orgânica (que lhe dá as condições de possibilidade biológica para isso). Não se trata aqui de afirmar que tal situação tem determinações biológicas e que ser-mulher estaria associado, necessariamente, a ser mãe. A identidade e o sentido de ser-mulher e de ser-mãe têm suas determinações sócio-histórico-culturais, bem como seus determinantes que resultam da história de vida das pessoas. No entanto, o que estou colocando em foco é o fato de que algumas mulheres que têm ou compartilham tais valores "ser-mãe-mulher" em maior ou menor grau, e a conjunção, sempre singular, destes surge como questão existencial em cada mulher que tem um bebê, o que se acentua ainda mais quando seu bebê necessita ser cuidado numa UTI neonatal.

Winnicott, ao indicar o que considera ser um dos aspectos centrais do que é ser-mulher, enfatiza a diferença entre o caminho do menino e da menina para a constituição da sua organização psíquica e da própria identidade.[4] Para ele, essa diferença não se reduz ao problema da castração e da diferença anatômica entre os sexos, mas reconhece uma positividade corporal (biológica) e existencial na afirmação e na realização do ser-mulher, o que envolve a potencialidade para ser mãe (estrutural, biológica, mesmo que haja uma impossibilidade factual orgânica, a maternidade é uma questão de toda mulher) e as fantasias (pessoais, conjugais, familiares e socioculturais) relacionadas à capacidade de engravidar e amamentar, bem como à centralidade da identificação com a mãe em períodos pré-genitais, como fundamentais para a construção da sua identidade. Ao falar sobre a centralidade da maternidade na constituição da identidade feminina, Winnicott diz: "O brincar da menina, na medida em que ela é verdadeiramente feminina, é do tipo que mostra a tendência à maternidade"[5].

Nessa perspectiva, toda a mulher que tem a possibilidade orgânica de engravidar, está o tempo todo colocada e se vendo numa relação constante com a maternidade (tanto por ela mesma quanto pela cultura), enquanto um fator essencial que a qualifica, mesmo que ela não tenha filhos e/ou não deseje ser mãe; e, nos casos em que não há tal possibilidade, essa questão também exigirá da mulher que acomode essa potência ou impotência em si mesma, conseguindo ou não se desvencilhar das comparações com outras mulheres e com os valores

4 Sobre o tema ou problema da identidade, ver o Capítulo 10 deste livro, "A busca de si mesmo e da identidade nas transformações corporais".

5 Winnicott 1988, p. 64.

sociais relativos a ser mulher e ser mãe da sociedade em que vive. Certamente isso tem coloridos simbólicos específicos em cada cultura, mas parece ser um elemento extremamente importante. Assim, esse lugar de mãe, com o qual toda mulher tem que se haver, faz parte de sua história e sua identidade.

Considerando, então, a situação na qual uma mulher deseja a sua gravidez, quer ser mãe e ter seu bebê, considerando que isso expressa tanto seu desejo inconsciente quanto aquilo que ela anseia das mais diversas maneiras (aqui não vou me aprofundar nos conflitos em jogo nesse sentimento e nesse desejo), ao engravidar, a mulher dá início ao caminho que confirmará sua potência de gerar e um dos seus lugares no mundo.

Durante os meses da gestação, ela vive nesse cenário: seus interesses, seus pensamentos, seus desejos, passo a passo, tudo isso ocupa mais e mais o centro de sua vida. Inclusive, a sua sensibilidade em relação a si mesma, seu corpo e os acontecimentos de sua vida afetiva estão intensificados; tudo que ocorre a ela, nesse período, será vivido, como se diz, "com uma sensibilidade à flor da pele".

Certamente temos situações em que isso não ocorre dessa maneira, já que há mulheres que não têm essa relação com a gravidez e que, às vezes, nem mesmo notam ou dão muita atenção ao fato de estarem grávidas, mas isso corresponde a um tipo de variação relativamente distante da que foco em minha análise. Busco descrever e analisar as mulheres que, querendo e tendo uma parte importante de suas identidades de mulher na maternidade, enfrentam uma situação em que é colocada em risco a sobrevivência do seu bebê e, com isso, todas as perturbações que daí decorrem para sua existência emocional e, fundamentalmente, para que possam ser mães nessas condições.

Quando o momento do nascimento do bebê vai se aproximando, culminando em um processo que se realiza ao longo da gestação, ocorre um conjunto de transformações emocionais na mulher que a colocam num modo de funcionamento propício para compreender e cuidar do seu bebê. Winnicott caracteriza esse estado da mãe como propício a realizar as adaptações da mãe às necessidades do seu bebê. Ele chama esse estado de *preocupação materna primária*[6]. Daniel Stern também reconhece esse estado emocional da mãe quando do nascimento do bebê como um estado emocional e cognitivo adequado para a comunicação e o atendimento das necessidades do seu bebê, estado que ele considera como um dos aspectos do que chamou, de maneira mais ampla referindo-se a todo o contexto que envolve a mãe pré e pós-nascimento do seu filho, de *constelação materna*[7].

Nadia Bruschweiler-Stern[8], ao procurar compreender as características do encontro neonatal, indica uma sequência de 4 etapas referindo-se ao desdobramento do processo de apego mãe-criança, tomando o cuidado de delimitar sua análise num determinado campo empírico e social específico: famílias europeias e norte-americanas. Retomo sinteticamente sua descrição:

1. Inicialmente, logo após o nascimento, a questão da sobrevivência do bebê surge como a questão central e primeira da mãe: ele está vivo?
2. Em seguida, a mãe quer saber se seu estado de saúde é bom e se ele é integro em termos anatômicos. Ela precisa vê-lo nu, ver seu rosto, sua barriga, seus órgãos genitais, contar os dedos dos pés etc. Certamente, todo o aporte e os relatórios de médicos e enfermeiras exercem uma função importante na resposta a suas questões. É como se um levantamento satisfatório da boa constituição física da criança desse à mãe "'luz verde'" para prosseguir o processo de ligação.

6 Winnicott 1958n.

7 Stern 1995.

8 Nadia Bruschweiler-Stern 2009.

3. Quando a mãe foi, então, tranquilizada, as questões passam a ser de outro tipo: com quem ele se parece? Decorre, ainda, nessa mesma direção, uma procura por semelhanças com os pais e outros membros da família: "tem os olhos da mãe", "é a cara do pai", "é exigente como o avô" etc. Nessa etapa do período neonatal, a mãe está psicologicamente aberta para descobrir seu novo bebê e a ela mesma em seu novo papel. Essa abertura a torna particularmente sensível e vulnerável às atitudes e aos comentários daqueles em seu entorno. As palavras dos outros podem ter o efeito de profecias amáveis ou maléficas, como nos contos de fadas. Nesse momento, um campo de comunicação mútua e emocional ainda não foi estabelecido.
4. Na quarta etapa, desenvolve-se justamente esse campo de comunicação entre a mãe e seu bebê. A mãe se aproxima e se adapta de muitas maneiras, estabelecendo uma comunicação sutil e profunda com seu bebê. Esse momento revela um recém-nascido que se comunica e que procura, especificamente, o contato com a mãe. Ele se mostra de maneira clara como quem tem nos pais o seu mundo. Esse tipo de encontro, quando bem-sucedido, garante fortemente o aprofundamento dos laços afetivos, tanto do bebê quanto dos pais. Esse encontro inicial transforma os pais e, mais especificamente, a mãe, de forma irreversível.

No entanto, tudo isso corresponde ao que se espera quando não há complicações. Daniel Stern também apontou para o que pode ocorrer quando há perturbações nos encontros iniciais, seja em função de um parto prematuro, seja em função de complicações advindas da necessidade de um bebê por cuidados neonatais mais intensos e esse bebê precisa ser separado da sua mãe. Dizem Brito & Pessoa[9], referindo-se a Stern: "a mãe corre o risco de perder o que Stern chamou

9 Brito & Pessoa 2006, p. 117.

de *entonação emocional* referindo-se à capacidade dos seres humanos de estarem uns com os outros compartilhando experiências".

Quando, logo após o nascimento, a mãe e o bebê precisam ficar separados, todo esse edifício de projeções, identificações, desejos etc. ficam suspensos ou colocados em dúvida, especialmente quando ocorre um problema grave e o bebê, sob risco de morte, necessita ficar numa UTI neonatal. Nesse momento, os cuidados se dirigem de forma natural para "o que vai acontecer com o bebê?"; e as mães acabam sendo consoladas com palavras de boa vontade que, a meu ver, não correspondem àquilo de que necessitam. Meu trabalho visa chamar a atenção e esclarecer o que está ocorrendo com essas mães e em que direção devem convergir os cuidados necessários também a ela.

Assim, tanto em situações consideradas sem intercorrências quanto nessas em que há uma situação extrema de exceção, a função fundamental da sustentação emocional ambiental corresponde a um fator determinante para o desenvolvimento do bebê.

Considerando, agora, que o ambiente, por excelência, seria a mãe-ambiente, é evidente que as perturbações emocionais na mãe correspondem a uma instabilidade ambiente que precisa, necessariamente, ser cuidada, para o bem tanto da mãe como da criança, dado que uma mãe amparada e fortalecida na sua própria identidade e segurança estará mais apta a fornecer, dentro do possível, o ambiente materno que o bebê precisa.

Nadia Bruschweiler-Stern[10] se pergunta: *como um simples momento pode ser tão determinante?* Uma mãe que tem seu bebê levado dela justamente no momento em que seriam apresentados vive um tipo de sequestro, um sequestro do qual ela não pode escapar, um sequestro de um momento em que se dariam os primeiros sinais de apego e de comunicação profunda entre eles. Essa mãe é colocada em suspenso, o que pode resultar não só em dor por falta de apego, mas também ela é jogada para uma realidade em que já não pode sonhar, devanear, imaginar seu filho e

10 Bruschweiler-Stern 2009.

o que ele poderia ser. Winnicott afirma, reconhecendo a inexistência da unidade bebê sem o seu cuidador: "isso que chamam de bebê não existe"[11]. Nessas condições, a mulher-mãe é afetada, ferida e às vezes aniquilada na maneira como se vê e se entende, quebrada nas suas expectativas e fantasias, seja ela madura ou não, e isso pode ter efeitos intensos retirando-a da possibilidade de pensar e de entender com objetividade essa realidade imposta. Antes, numa perspectiva nem sempre permitida pelas condições sociais e afetiva, mas supondo uma situação relativamente suficiente para isso, ela estava se dirigindo para um mundo próprio mãe-bebê, protegida pelo ambiente conjugal e da família da realidade externa para poder ocupar-se da realidade de seu bebê e, agora, abruptamente ela é expulsa desse "mundo" e convocada a lidar com a realidade objetiva.

Daniel Stern & Nadia Bruschweiler-Stern referem-se, da seguinte maneira, aos obstáculos para o desenvolvimento do apego inicial mãe-bebê:

> *Se um bebê é prematuro ele pode ficar em uma incubadora na unidade de cuidados intensivos durante semanas ou meses. Durante esse tempo, a mãe não pode desempenhar um papel importante, e às vezes nenhum papel importante, e às vezes nenhum papel para manter seu bebê vivo e próspero. As máquinas e o pessoal da UTI médica fazem isto por ela. Até mesmo a sua visita pode ser reduzida e as oportunidades para que ela possa reconhecer seu bebê são limitadas. A mãe vai se sentir menos especial do que as enfermeiras para o seu bebê, e sobretudo ela se sente menos competente. Em suma, a mãe está impedida de cuidar do seu bebê.*[12]

11 Bruschweiler-Stern 2009, p. 165.

12 Stern & Bruschweiler-Stern 1998, p. 192.

A meu ver, diferentemente do que afirma o casal Stern, ainda que em complemento a eles, não é somente *o apego* entre mãe-bebê que é interrompido ou dificultado no seu desenvolvimento, mas a *confiança* que a mãe teria no cuidado com seu filho; pode ser que o apego se estabeleça, mas, certamente, a confiança da mãe em si mesma não se estabelece. A situação traumática de separação e os perigos pelos quais o bebê passa geram insegurança na mãe.

A questão, pois, é: como poderíamos cuidar das mães para que elas possam desenvolver tanto a ligação ou apego com seu filho quanto a confiança no seu lugar de mãe?

O bebê precisa da mãe, mas ela também precisa do seu bebê! Ele é a realização concreta de uma série de anseios imaginários e simbólicos, tanto individuais como sociais. Certamente há casos em que isso não ocorre, situações de grande conflito e mesmo de impossibilidade de uma mulher, tendo ou não filhos, ocupar esse lugar e, além disso, também há outros modos de realizar-se como mulher. Mas aqui estou procurando entender e explicar o que ocorre com uma mulher que, esperando realizar-se como mãe e como mulher com o nascimento de um filho, se vê desalojada provisoriamente, de forma obscura e incerta, desse lugar projetado e esperado, com o nascimento de um bebê que corre sério risco de morte.

Não se trata apenas de chamar a atenção para a intensidade da perturbação emocional que toca a mãe-mulher nesse momento, mas também de salientar que isso exigirá dessa mulher muito mais do que a sua consciência e seu bom senso podem administrar. Para Winnicott, quando uma mãe é separada de seu filho de uma forma radical como essa, ela é levada para modos de funcionamento não racionais:

> *a lógica (ou o raciocínio que nega a existência ou importância de sentimentos e conflitos inconscientes) não é suficiente quando uma mãe é privada de seu filho pequeno. Ainda que a mãe a quem tiraram o filho, levando-o para*

> *longe, deseje realmente colaborar com o plano . . ., não se pode deixar de dar o devido peso a esses sentimentos e conflitos inconscientes.*[13]

Como exemplo de um dos aspectos desse tipo de perturbação, podemos retomar um comentário de Daniel Stern & Nadia Bruschweiler-Stern, no livro *The birth of a mother*, no qual eles dizem que uma mãe que tem um filho deficiente também se sente deficiente[14]; mais ainda, ela pode até mesmo se comportar como se fosse deficiente, cognitiva e emocionalmente, num processo de identificação com seu bebê. Certamente, a compreensão e o reconhecimento de uma situação desse tipo levaria o cuidador (médico, enfermeira, psicoterapeuta etc.) a considerar o estado emocional da mãe, procurando formas efetivas e afetivas de sustentá-la e fortalecê-la para ser mãe.

Pude acompanhar, por intensos seis meses, um grupo de mulheres que habitavam as salas de espera da UTI neonatal esperando para ver seus filhos e ter notícias deles (bem como compartilhando a situação com outras mães nas mesmas condições). Muitas comentavam que se sentiam como que estando no submundo da UTI, vendo os bebês saudáveis ficarem expostos no vidro dos berçários, com toda família fazendo festa e partirem sorridentes, enquanto seus bebês na UTI estavam fechados, escondidos do mundo, no andar de baixo das alegres mães. Muitas delas tinham a sensação de que o mundo olhava para elas com pena, como fossem pobres coitadas, *mães deficientes para crianças especiais.*

Algumas dessas mulheres contavam com a possibilidade de voltar às suas casas, com a presença e o apoio de seus maridos, algumas contando também com a existência de outros filhos e enteados, reinserindo-as nos cuidados necessários à continuidade

---

13 Winnicott 1940c, p. 36.

14 Stern & Bruschweiler-Stern 1998, p. 191.

de seu mundo: os cuidados com a casa, com a vida escolar dos filhos, a convivência com outros membros da família, eventualmente cuidar dos animais domésticos etc. Isso parecia resgatá-las do mergulho profundo para o qual foram levadas, fazendo-as sentir participando (e não mais tão excluídas) do mundo, sentindo-se "normais", e não "deficientes". Esse contexto trazia o sentimento que de não eram deficientes e que não tinham sido enclausuradas na UTI. Mesmos nos casos que contavam com tais recursos, ocorria, nessas mulheres, uma oscilação, talvez até mais do que isso, um conflito: elas eram e não eram boas mães, eram e não eram normais, eram valorizadas e desvalorizadas (por si mesmas e pelos outros, ao menos sentiam-se assim e interpretavam o olhar dos outros assim)! Esse conflito ou ambiguidade, por um lado, causava sofrimento, mas por outro, forneciam um sentido para viver e sobreviver ante a situação de catástrofe ou de eminente catástrofe.

Ao acompanhar esse cenário, eu pensava: e as mulheres que não têm essas condições, que não estão num serviço hospitalar que possa acolhê-las, que não podem contar com seus maridos, que não têm outros filhos, família etc., como ela sobreviverá, o que ela passará para seu bebê? Quero chamar atenção para o fato de que a sustentação à qual me refiro não diz respeito aos aspectos conscientes e objetivos em jogo; não se trata de esclarecimento e objetividade racional e bom senso ante a uma realidade difícil, não é isto que fortalece a mãe, ainda que possa ter algum valor e, na sua falta, possa ser prejudicial.

Além disso, cabe ressaltar que quando esta criança (que passa pela UTI nestas condições em que necessitam de intensos cuidados) guarda, retém ou adquire características especiais, a mãe também é transformada na sua apreensão de si mesma como mãe, ela se vê e se sente como uma mãe diferente, talvez ao longo de toda a sua vida.

A descrição e o depoimento pessoal do que pude observar nessa situação serve para tornar mais claro o tipo de conflito não racional, inconsciente, em jogo nesses momentos, bem como o tipo de suporte que necessitaria ser fornecido a essas mães. O ponto aqui é o fato de que o cuidado com as mães nessas situações não corresponde ao uso do bom senso, ao apelo a soluções religiosas (tipo: "Deus sabe o que faz!"), mas, sim, às diversas maneiras de provisão ambiental que podem, afetivamente, dar um solo para que essas mães possam fazer a elaboração, ou seja, a integração dos seus sofrimentos para que ela possa exercer-se como mãe e, nesse sentido, também contribuir para a saúde de seu filho. Creio que este tipo de compreensão, por parte dos médicos e outros cuidadores (inclusive o serviço de psicologia) poderia fornecer um aporte mais próximo do que essas mães necessitam.

Numa tentativa de elencar as principais necessidades dessas mães, tendo em vista o suporte ambiental para que elas possam ser cuidadas num momento em que estão perturbadas, fragilizadas, impotentes, sentindo-se incapazes e, muitas vezes, culpadas, sozinhas no seu sofrimento, e sendo obrigadas a habitar num mundo de cuidados técnicos especializados que não corresponde ao universo para o qual se prepararam para receber seu bebê (a própria UTI, com suas máquinas e dispositivos, configura um outro mundo e, mesmo que uma mãe esteja habituada a tal contexto, não era esse universo para o qual estava se preparando e já habitando, um universo de cuidados afeti vos-humanos que destoa do cuidado técnico e das máquinas), mas também sendo requisitadas a entender objetivamente (pelos boletins e relatos pontuais de médicos e enfermeiros) o que está acontecendo com seu bebê, bem como a transmitir esse entendimento para os familiares (ainda que algumas mães estejam acompanhadas, no hospital, por outros familiares, a entrada na UTI, em geral, quando é permitida e de forma controlada, só pode ser feita por, no máximo, duas pessoas, o que, em geral acaba por significar *a mãe*; evidentemente, há exceções nesse contexto, mas estou me dirigindo ao contexto mais comum que sobrecarrega as mães e exige delas mais do que elas podem). Cabe ressaltar que, apesar de informadas e de, muitas vezes, ser oferecido (em maternidades preparadas para isso) a possibilidade de ficarem um tempo limitado com seus bebês diariamente, é dado a elas um papel periférico... Elas são mais um adendo do que uma parte central e fundamental dos cuidados necessários para que o bebê sobreviva, física e psiquicamente, a esse período. Nesse sentido, considerando o contexto e as necessidades, que acredito são pouco reconhecidas, poderia afirmar que:

1. É necessário ajudá-las a ter um lugar efetivo (operacional e afetivo) junto de seu filho, valorizado por todos, no qual possam sentir-se mães, ou seja, cuidando como mães de seu bebê. Isto significa que o ambiente de cuidados precisaria ser informado sobre o fato de que o bebê necessita do cuidado e da presença da sua mãe, ele a reconhece, e isso corresponde também a uma necessidade da mãe, que podendo exercer-se como mãe, está em melhores condições de fornecer o cuidado afetivo que fortalecerá seu bebê.
2. Mesmo que a mulher-mãe possa estar alimentada afetivamente por sua família (marido, outros filhos, familiares), isso não é o suficiente para que se sinta potente para cuidar do seu bebê. É necessário que a própria situação hospitalar possa dar esse lugar de valorização objetiva (acompanhada de ações) da mãe. O ambiente de sustentação da mãe (hospital e equipe hospitalar inclusos) deve, pois, dar à mãe um lugar de valor afetivo-simbólico, mas também objetivo, fazendo-a sentir-se útil nos cuidados especiais que seu bebê precisa. Esses cuidados que a mãe pode fazer são, evidentemente, diferentes dos dados por médicos e equipe de enfermagem, ainda que tais cuidados técnicos também possam ser acompanhados de afeto; eles têm uma qualidade materna singular que dá o colorido existencial dessa unidade singular que é "uma mãe e seu bebê". Trata-se de firmar, pois, que a qualidade do cuidado materno tem especificidades, valores e potências diferentes e de grande valor existencial para o bebê.

3. Lembrar que essas mulheres-mães estão profundamente afetadas pelo nascimento do seu bebê (já estavam; mesmo antes que o bebê surgisse necessitando de cuidados especiais, as mães já estavam num estado afetivo que Winnicott denominou *preocupação materna primária*, que as coloca num modo de funcionamento afetivo e cognitivo mais próximo do modo de funcionamento do bebê do que dos modos de funcionar, cognitiva e afetivamente, dos adultos) e que a sua compreensão cognitiva objetiva da situação é diferente da que um adulto, em condições ordinárias, teria. É necessário, pois, encontrar a linguagem adequada para comunicar-se com essas mães e informá-las sobre o que está ocorrendo e o que seu bebê precisa, inclusive e necessariamente serem informadas de que seu bebê precisa do contato, afeto e presença dela (mesmo que saibam disso intuitivamente, na maioria dos casos, esse saber fica enfraquecido e sobrecarregado de dúvidas e inseguranças).
4. Estou, pois, reconhecendo e afirmando que há um mundo mãe-bebê, compartilhado pela unidade mãe-bebê que, em condições ordinárias sem intercorrências, segue seu percurso de comunicação e trocas profundas (o bebê constituindo a mãe e a mãe constituindo o bebê), mas que, em tais condições especiais, é rompido e precisa ser cuidado para que os laços, caminhos, pontes e união possam ser refeitos, tanto para o fortalecimento do bebê (que luta pra sobreviver) quanto para o fortalecimento da mãe (que luta para sobreviver como mãe, para poder ser-mãe).
5. Nesse contexto, é necessário que as mães sejam chamadas e estimuladas a ocupar um papel de relevância (para além dos cuidados médicos e das enfermeiras) para que mãe e bebê, quando isto é possível, possam se recuperar, seguirem com seus vínculos profundos, consolidarem suas intimidades e comunicações, o que será necessário tanto para esse momento de UTI neonatal quanto para a continuidade da vida (seja quando o bebê pode voltar para casa, com ou sem modificações e singularidades significativas e/ou duradouras, seja

nos casos mais trágicos, em que a mãe perde seu bebê, em ambos os casos a mãe precisa se refazer existencialmente).

Sei que o que analisei aqui é apenas a porta de entrada para os cuidados que uma mãe precisa quando seu bebê fica numa UTI neonatal, mas creio que apontar para esse contexto, reconhecer o que essas mães enfrentam e indicar um caminho de cuidado é um passo necessário que nem sempre tem sido dado nessas situações.

PARTE III

Leopoldo Fulgencio & Lygia Vampré Humberg

10. A busca de si mesmo e da identidade nas transformações corporais

Há muitas formas pelas quais um indivíduo intervém sobre seu corpo para transformá-lo ou adorná-lo: maquiagens, brincos, tatuagens, *piercings*, cirurgias plásticas e até mesmo as cirurgias para redesignação de gênero. Não obstante a possibilidade de reconhecimento dessas práticas como um cuidado consigo mesmo, há algumas transformações que, de uma forma mais evidente, colocam em questão o problema da predicação de si mesmo ("*eu sou x*"), o que também poderia ser enunciado como um problema de *identidade*.

A construção da identidade como uma unidade harmônica e sistemática do sujeito psicológico é uma proposta e um problema para a psicologia, em suas mais diversas vertentes. No que se refere à psicanálise, temos uma psicologia que considera que aquilo que chamamos *sujeito psicológico* corresponde, na verdade, a uma resultante de diversos processos (por vezes, também sistemas) psíquicos em relação de determinação recíproca, que resultam numa unidade, mas que não têm uma homogeneidade. É nesse sentido que o tema da identidade não tem sido objeto da psicanálise, dado que, como já comentou Bourdin, "o pensamento freudiano descontruiu a unidade da personalidade geralmente implícita na noção de identidade"[1]. Ainda assim, os fenômenos de construção da integração ou organização do sujeito psicológico são objeto da psicanálise, podendo, em termos fenomenológicos, ser referidos à noção de *identidade* mesmo que esta não seja uma noção freudiana sobre a noção de identidade na história da psicanálise[2]. Cabe, ainda, ressaltar que a *Revue Française de Psychanalyse*, reconhecendo a importância do conjunto de fenômenos envolvidos no tema da identidade ou da construção da identidade, dedicou dois números a esse problema.[3]

Neste capítulo, delimitaremos o tema analisando o fenômeno ou processo que leva um indivíduo a poder apreender a si mesmo e ao outro (o mundo) como dois (o que também poderia ser caracterizado como o processo de subjetivação). Mais ainda, é o processo que possibilita ao indivíduo predicar a si mesmo, afirmando, por exemplo: "eu sou mulher, mas tenho um corpo biológico de homem", do ponto de vista da teoria do desenvolvimento emocional descrita por Donald Winnicott.

Pode-se perguntar qual é o caminho, ou método, utilizado para se abordar esse problema. Nós tomamos como ponto de partida a compreensão da teoria do desenvolvimento emocional, tal como Winnicott a apreende, tendo a sua ontologia centrada na noção de ser e, no processo de desenvolvimento, a diferenciação dos diversos modos de experienciar ser ou experienciar o self; também tomamos um conjunto de comportamentos de pessoas que realizaram transformações corporais significativas, associadas por elas mesmas à questão da busca de si mesmos (além de referirem-se a outros objetivos), material que é de domínio público, como material empírico a ser interpretado

---

1 Bourdin 2019, p. 351.

2 Cf. Oppenheimer 2002.

3 O primeiro, em 1999 (Vol. 63, n. 4); e o segundo, em 2019 (Vol. 83, n. 2).

ou analisado do ponto de vista da teoria, com um determinado objetivo (o de analisar a associação entre as experiências de ser e o processo de procura pelo sentimento de ser "si mesmo", ou sentimento identitário); e, ao final, explicitando tais correspondências, associando as experiências de ser a situações ou dinâmicas transferenciais que ocorrem ou podem ocorrer num tratamento psicoterápico psicanalítico, podendo estar atreladas ou não, especificamente, aos problemas ou perguntas que se referem à identidade ou sentimento identitário ("*eu sou x*", sendo *x* um predicado do eu).

No que se refere às alterações corporais voluntárias, talvez seja possível, grosso modo, distinguir entre as situações nas quais essas transformações corporais correspondem a *adereços* e as que colocam em jogo a questão da *busca* de si mesmo, busca de uma identificação entre o sentimento de si (self) e o sentimento/percepção do corpo que se tem (*apercepção*). Talvez o uso de um critério fenomenológico muito simples possa ajudar a distinguir, ainda que parcialmente, uma situação da outra, a saber: quando as transformações procuradas ou produzidas tomam o primeiro plano, sobrepondo-se e tomando o lugar da pessoa, temos um problema de busca por outro si mesmo (mais de acordo com o que o indivíduo sente sendo ele mesmo). Tomando justamente esses casos nos quais a busca de si mesmo levou a modificações mais visíveis, propomos analisar a questão do processo de constituição e procura de si mesmo, apoiando-nos na compreensão que Winnicott tem desse processo, bem como na análise do que estaria ocorrendo nesses casos em que o self é procurado via *a* ou *na* transformação do próprio corpo.

A busca de si mesmo via intervenção e transformação corporal aparece de diversas maneiras. No filme *Crash*[4], de David Cronenberg, por exemplo, os personagens reproduzem acidentes de automóvel, sofrendo eles mesmos as consequências desses acidentes. Um dos

4 Cronenberg 1996.

protagonistas enuncia qual é o projeto "no qual estamos todos profundamente envolvidos . . . O nosso objetivo é refazer o corpo humano pela alta tecnologia!". Ainda que, no filme de Cronenberg, seja ressaltado um aspecto destrutivo dessa busca, o que pretendemos salientar é muito mais o processo (a busca objetiva) de refazer o corpo humano com a tecnologia, sem que isso esteja necessariamente associado a impulsos destrutivos. A tecnologia para *refazer o corpo humano* parece cada vez mais possível e disponível – com o avanço da eficiência de cirurgias plásticas, implantes estéticos ou biônico-funcionais, aplicação de tatuagens e *piercings*, manipulação genética etc. –, reformulando de maneira mais ou menos radical a configuração dos corpos, tornando possível a realização dos desejos e das fantasias de metamorfose.

Retomamos alguns exemplos nessa direção para termos em mente que tipo de fenômeno estamos analisando. Podemos ver, numa breve consulta no Google Imagens, o nome de pessoas que fizeram intervenções significativas em seus corpos:

- Erik Sprague, o "Homem-Lagarto", que tatuou aproximadamente 70% do seu corpo com escamas na cor verde, além de fazer implantes nas sobrancelhas e uma cirurgia para bipartir a língua (como a língua de répteis), tendo estampada, numa camiseta, por ocasião de uma de suas entrevistas, o slogan "*Pain makes you beautiful*"[5].
- Rick Genest, o "Garoto-Zumbi", já falecido, que, num processo longo e insistente, fez uma série de tatuagens que acabaram por dar a ele a aparência de um morto-vivo, declarou: "você não pode arrancar alguém da sua personalidade . . . Há um monte de pessoas que conheço e que não entendo, mas não há realmente nada para entender. Eu sou realista, sensato e inteligente"[6].

5 Sprague 2012.

6 Genest 2012.

- Dennis Avner, o "Homem-Tigre", também já falecido, que mudou seu rosto, fez implante de bigodes, mudou seus lábios, dentre outras transformações similares, procurando se aproximar ao máximo da aparência de um tigre, descrevia um dos aspectos de seu modo de viver:

> *Eu como carne todos os dias, assim como um tigre faria. Deve ser o mais próximo possível do cru, ou na temperatura de um animal que tivesse acabado de ser morto. . . . ser um Tigre é mais importante para mim do que a humanidade*[7].

- Lucky Diamond Rich, um dos homens mais tatuados do mundo, tem o corpo coberto com tinta preta e desenhos brancos por cima, dentes cobertos de prata, lóbulos das orelhas esticados e vários *piercings*; ao ser entrevistado, mostra-se muito agradável, inteligente e gentil, o que destoa fortemente de sua aparência, e afirma sobre si mesmo: "sempre fui uma pessoa do povo. As pessoas pensam que sou o oposto, mas isto as restringe"[8].
- Tom Leppard, o "Homem-Leopardo", outro já falecido, que cobriu seu corpo, da cabeça aos pés, com manchas como as de um leopardo, acabou por estabelecer-se sozinho numa cabana, sem eletricidade ou esgoto – ainda que fosse à cidade a cada duas semanas para pegar suprimentos –, dizia:

> *Para mim, é normal. Tudo o que eu realmente estou fazendo é acampando de modo permanente, uma coisa que eu costumava fazer somente nos fins de semana e nas minhas férias, ao passo que agora eu posso fazer isso o tempo todo. Eu nunca estou sozinho se estou comigo mesmo. Se*

7 Avner 2008.

8 Rich 2007.

> *eu estou em uma grande cidade cercado por pessoas, é aí que me sinto sozinho*[9].

- Maria José Cristerna, a "Mulher-Vampiro", que, além das tatuagens, fez diversos implantes (dentre eles, implantes dentários, para criar presas como as de um vampiro), num processo de transformação que ela ainda considera inacabado, disse sobre si mesma:

> *Os chifres que eu tenho são um símbolo de força e foram implantados sem anestesia. Já as presas, coloquei porque amava vampiros quando era criança. A cor dos meus olhos só mudei para que realmente ficassem como queria que eles fossem [...]. Tatuagem foi a minha maneira de me tornar imortal, de realmente ser um vampiro e não morrer, deixando meu trabalho [ela também é tatuadora] na pele de outras pessoas*[10].

- Lili Elbe, nascido Einar Wegener, ficou conhecida por ser a primeira pessoa a submeter-se a uma cirurgia genital para redesignação de gênero, caso que foi roteiro para o filme *A garota dinamarquesa*[11].

A lista de exemplos pode se estender, contendo os mais diversos tipos e graus de transformações corporais. Nesses casos, há uma procura de si mesmo que se impõe, como um imperativo existencial. Trata-se de dar uma solução para o sentimento de "não estar bem na própria pele", na esperança de que essas transformações deem a si a possibilidade de ser e viver a partir de si mesmo. Certamente, há

---

9 Leppard 2006.

10 Cristerna 2011.

11 Hooper 2015.

uma dissociação entre o corpo como é *visto e experienciado* e o corpo como é *idealizado* (*que consideram mais adequado a si mesmos*). Seja como for e em que dimensão for, fenomenologicamente, trata-se de uma empreitada identificatória.

Para compreendermos esse fenômeno, é necessário termos em mente uma teoria e uma descrição fenomenológica do processo que leva à constituição do sujeito psicológico, da constituição do "eu" como algo diferente do outro e dos processos identificatórios (em termos da possibilidade de predicar o "eu") vividos em relação ao outro e em relação a si mesmo. Tal compreensão poderia explicar como se chega a ser o que se pensa ser, o que se experimenta sendo. Nessa direção, pensando nos fenômenos descritos, surgem perguntas do tipo: "Como se constrói a identidade? O que está sendo encontrado, buscado pelo indivíduo? Com que meios, com que sucessos e fracassos, *quando urge que se tenha outro corpo*?

Propomos fazer isso tendo como referência e perspectiva de análise a teoria do desenvolvimento emocional de Winnicott, reconhecendo, evidentemente, que a mesma proposta poderia ser desenvolvida de outros pontos de vista (dentro e fora da psicanálise).

Especificidades da teoria psicanalítica do desenvolvimento emocional do ponto de vista de Winnicott

Winnicott procurou fazer uma teoria do desenvolvimento emocional do ser humano focada na questão das relações de dependência e nos diversos processos de integração do self,[12] uma teoria que poderia ser nomeada como a do desenvolvimento do *ser*, dado que, no seu

12 Ver a distinção teórica e descritiva das noções de *self*, *ego*, *I am*, *whole person*, na obra de Winnicott, em Fulgencio 2014a.

modelo ontológico, ele estabelece a necessidade de ser e continuar a ser, como fundamento da própria natureza humana.[13]

Winnicott centrou seus esforços em descrever como o ser humano segue de sua situação inicial, em que o bebê não se sente diferenciado do ambiente e depende totalmente dele para existir, para uma situação em que o indivíduo conquistou sua diferenciação e suas autonomias *relativas* no que concerne ao mundo e ao outro: trata-se de uma história do desenvolvimento do self que, partindo do estado de não integração e imaturidade (cognitiva e emocional), chega, na saúde, à integração do self em termos de ser e apreender-se como uma unidade complexa diferenciada do mundo, com a possibilidade de estabelecer modos de relação com o mundo ou áreas da experiência ou experimentação (mundo externo, interno, bem como uma terceira área entre esses dois mundos ou modos de relacionamento com o mundo), estabelecendo-se e sentindo-se, então, como uma *pessoa inteira* que se relaciona com os outros como pessoas inteiras e que tem, pois, uma identidade.

Para Winnicott, é só a partir da experiência de *ser*, que o *fazer* tem um sentido pessoal (fundamento de todo fazer): "Do ser vem o fazer, mas não pode haver *fazer* antes do *ser*"[14]. Winnicott introduziu na psicanálise a questão do ser, colocando-a como a referência ontológica e ôntica para a compreensão do que é a natureza humana. A sua formulação, que coloca o *ser*, ontológica e empiricamente, como condição para o *fazer*, corresponde à consideração das *condições de possibilidade* para que possam existir relações objetais (e seus corolários *projeção*, *introjeção* e *identificação*).

---

13 Ver, nos seguintes comentadores, algumas referências à noção de ser na obra de Winnicott: Fulgencio 2014b, 2016, 2020c; Green 2010; Phillips 1988; Roussillon 2009, 2016.

14 Winnicott 1971f, p. 26.

Com a introdução da questão da experiência de *ser* e de *continuar sendo*, Winnicott deu outro lugar para a vida instintual, para a sexualidade e para o complexo de Édipo. Sem rejeitar sua importância, ele explicitou uma série de acontecimentos e fenômenos da natureza humana que não são redutíveis à questão da administração da vida instintual nas relações interpessoais. Ele diz, por exemplo, nesse sentido:

> *Note-se que existe aqui, entre o bebê e sua mãe, um relacionamento vitalmente importante que, no entanto, não deriva da experiência instintiva nem de uma relação objetal baseada na experiência instintiva. Esse relacionamento é anterior à experiência instintiva, paralelo a ela, e entremeado a ela*[15].

Conjugada à consideração da questão e da experiência de *ser*, Winnicott também propôs, teórica e descritivamente, uma noção de saúde (que não se confunde com a noção de normalidade):

> *A vida de um indivíduo saudável é caracterizada tanto por medos, sentimentos conflituosos, dúvidas e frustrações como por características positivas. O principal é que o homem ou a mulher sintam que estão vivendo sua própria vida, assumindo responsabilidade pela ação ou pela inatividade, e sejam capazes de assumir o crédito pelo sucesso e a culpa pelas falhas. Em outras palavras, pode-se dizer que o indivíduo passou da dependência para a independência, ou para a autonomia*[16].

Esses dois polos (ontologia-ser e *telos*-saúde), factuais e conceituais, acrescidos de uma série de outras contribuições (falso e

---

15 Winnicott 1958d, p. 213.

16 Winnicott 1971f, p. 29.

verdadeiro self, transicionalidade, mãe suficientemente boa, elaboração imaginativa, ilusão de onipotência, objetos subjetivos etc.) conjugam-se na sua redescrição da teoria do desenvolvimento emocional, de modo que esse desenvolvimento descreve os modos de "ser e estar no mundo", fazendo-o não tanto em termos das relações de objeto impulsionadas pela vida instintual (ainda que isso não seja desconsiderado), mas distinguindo linhas do desenvolvimento: 1) do estado de não integração inicial para os diversos tipos e graus de integração; 2) da situação de dependência absoluta inicial em relação ao ambiente, para o estado dinâmico da independência relativa do indivíduo em relação ao outro e ao ambiente; 3) do estado de "não ser", de onde advém o ser, para o estado de ser-no-tempo-com-o-outro etc.

No que se refere especificamente às *fases do desenvolvimento do lactente*, Winnicott distingue, então, três grandes períodos: o da *dependência absoluta*; o da *dependência relativa*; e o *rumo à independência*. Todas essas fases são caracterizadas em função das relações de dependência que esse lactente tem com a mãe e/ou mãe-ambiente, marcando que "Os bebês humanos não podem começar a *ser* exceto sob certas condições [de dependência]"[17] e que a dependência é o fato central a ser administrado por toda a existência. Retomando sinteticamente essas fases conforme ele caracteriza, temos: na fase da *dependência absoluta*, o lactente é imaturo para perceber o ambiente, o cuidado materno, como algo externo, ele pode beneficiar-se ou sofrer da sustentação ambiental, experimentando a continuidade de ser ou o aniquilamento desta; na *dependência relativa*, o lactente começa, pouco a pouco, a se dar conta da existência do ambiente (dos cuidados maternos) como algo que não advém dele mesmo, mas é externo e tem existência fora dele; e na fase *rumo à independência*, o lactente pode, na saúde, apreender a realidade como sendo algo externo a ele,

17 Winnicott 1960e, p. 52.

acrescentando-se, aqui, a mente como um modo específico de funcionamento da unidade psicossomática.

Devemos focar nossa atenção nesse processo para distinguir, por um lado, o processo que leva o bebê de uma situação de imaturidade inicial, em que ele está não integrado, até o momento em que chega a integrar-se numa unidade *eu sou*,[18] distinguindo eu e "não eu", até chegar a uma integração mais complexa, apreendendo-se e relacionando-se como sendo uma *pessoa inteira*; e, por outro, explicitar alguns acontecimentos ou dinâmicas relacionais específicas, nas quais se pode compreender modos distintos de viver a experiência de ser.[19] Podemos agrupar essas duas perspectivas, apontando para os seguintes acontecimentos ou experiências:

1. Na fase inicial da vida de bebê (*dependência absoluta*), não há, para ele, a distinção de uma realidade "não eu"[20].
2. Ao ter suas necessidades atendidas pelo ambiente, o bebê vive a experiência de *ser* (a partir de si mesmo, sem que nenhum predicado esteja presente), sem reconhecer que existe um ambiente. Aqui, essa experiência de ser estaria associada ao que Winnicott caracterizou como a relação com o objeto subjetivo.
3. Mais à frente, no processo de desenvolvimento, depois de uma série de integrações (em meados da fase da *dependência relativa*), podem surgir os objetos e fenômenos transicionais, ou seja, um determinado modo de relação com a realidade (com certos objetos da realidade externa) que é criado e encontrado pelo

18 Winnicott, ao referir-se a essa conquista, ressaltando sua importância, grifa-a em letras maiúsculas, EU SOU. Estamos optando, por solicitação da *Revista Estilos*, grafar em letras minúsculas e em itálico *eu sou*, cuidando para seguir os padrões editoriais aqui praticados ao longo de todo o texto, e a grafia em maiúsculas poderia ferir este padrão.

19 Ver em Fulgencio 2020c uma apresentação mais detalhada desse processo do desenvolvimento da experiência de ser.

20 Winnicott 1988, p. 153.

indivíduo. Esses objetos são criados e encontrados, ao mesmo tempo que o "si mesmo" é realizado, numa experiência vivida em termos de *ser-com*. Aqui, essa experiência de ser estaria associada ao que Winnicott caracterizou como a relação com o objeto transicional.

4. Ao fim da fase da dependência relativa e início da fase rumo à independência, ocorre a grande conquista integrativa, com a chegada ao *eu sou*, inicialmente expressão de *eu-sou-diferente-de*, estabelecendo o "eu" como uma membrana limitadora (com um dentro e um fora), diferenciando-se de todo o resto; momento no qual o indivíduo estabelece relações do tipo "dois corpos".[21] Aqui, essa experiência de ser estaria associada ao que Winnicott caracterizou como o início das relações com objetos externos propriamente ditos.
5. Na fase seguinte, rumo à independência – ou fase do concernimento, também associada ou referida por Winnicott ao que Melanie Klein denominou de posição depressiva – o indivíduo a inicia após a conquista do *status* integrativo manifestado na expressão *eu sou*. Na continuidade do desenvolvimento emocional, segue-se, então, uma série de outras integrações (dos impulsos amorosos e destrutivos, da vida instintual etc.), aumentando e complexizando a unidade conquistada, chegando à integração nomeada como a de uma *pessoa inteira* (*whole person*), podendo apreender a si mesmo e ao outro também como pessoas inteiras e, então, estabelecer relações a três corpos no quadro do cenário edípico. É nesse momento que a sexualidade e o complexo de Édipo (com seu corolário, o complexo de castração) passam a exercer influência mais significativa e organizadora da subjetividade dos indivíduos (momento que se inicia com a possibilidade de relações a três corpos, em que a vida instintual precisa ser

21 A discussão sobre relacionamentos a dois corpos e a três corpos tem no texto de Rickman 1951 a sua referência conceitual, também utilizada e citada por Winnicott em dois de seus textos (1958d; 1958g).

administrada nas relações interpessoais). É aqui também, propriamente, que os mecanismos de projeção, introjeção e identificação passam a ser determinantes na construção da identidade do "eu". Com essa integração, a *pessoa inteira* pode, então, dar-se ou procurar para si um predicado, ou qualificar-se como sendo tal ou qual adjetivo ou substantivo: *eu-sou-x* (sendo *x*, um predicado). Aqui, essa experiência de ser estaria associada ao que Winnicott caracterizou como as relações com objetos externos no seu sentido mais pleno.

Trata-se, pois, na continuidade de nossa análise, de explicitar as diversas maneiras de um indivíduo caminhar da situação na qual ele está indiferenciado com o ambiente, não integrado em si mesmo, até sentir-se e relacionar-se como uma *pessoa inteira* nas relações interpessoais, acompanhada por diversos modo ou experiências de ser.

Essa compreensão do desenvolvimento emocional considera que os processos identitários seguem, pois, uma linha que vai da experiência mais simples e primitiva de todas, *a experiência de ser*; segue na realização dos fenômenos transicionais, num *ser-com*; e prossegue até atingir a primeira alteridade *eu sou*, chegando, ao final desse desenvolvimento identificatório, a ser uma pessoa inteira, que pode ter predicados (*eu sou x*). Sinteticamente, indicamos a sequência de experiências de modos de ser: *sou, sou-com, eu-sou-diferente-de, eu-sou-x.*

Essa compreensão dos modos de experienciar *ser* (que também poderia ser expressa como modos de experimentar o self) corresponde, por sua vez, a uma descrição expandida daquilo que Thomas Ogden considerou ser o objetivo de uma *psicanálise ontológica*: "o termo 'psicanálise ontológica', como o uso, refere-se a uma dimensão da psicanálise na qual o propósito do analista é facilitar os esforços do paciente por tornar-se mais si mesmo"[22]. As distinções que fazemos apontam, pois, tanto para uma apreensão mais detalhada dessas

22 Ogden 2020, p. 25.

experiências de *ser* ou do self, quanto a modos de realização do encontro analítico, fundado na relação transferencial. Essa relação entre "modos de experienciar ser" e "modos de realizar a relação transferencial" é importante de ser apontada, ainda que não seja este o objetivo deste capítulo.

Modos de se chegar a ou de produzir a integração do self

Para Winnicott, a experiência de ser está na base e é, pois, a condição para a constituição de uma identidade pessoal: "É somente sobre uma continuidade no existir que o sentimento do *self*, de sentir-se real, de ser, pode finalmente se estabelecer como uma característica da personalidade do indivíduo"[23]. Essa experiência de ser corresponde àquela que ocorre a partir de si mesmo, como expressão de um gesto espontâneo e/ou criativo, que caracteriza a própria afirmação e o encontro de si mesmo. No início, num momento em que não há ainda, para o bebê, uma realidade "não self", o ambiente adapta-se para atender às suas necessidades, e o bebê tem a experiência de que existe e tem suas necessidades atendidas como se tudo viesse dele mesmo, fornecendo uma experiência de ser advinda de seu gesto, e não tanto dos objetos que cria-encontra com a sustentação do ambiente (seus objetos subjetivos), obtendo a experiência de ser pela sustentação ambiental, ou seja, a experiência de ser é garantida e sustentada pelo ambiente. No que se refere à experiência de ser, como a mais simples de todas as experiências, ele diz:

> *No crescimento do bebê humano, na medida em que o ego começa a se organizar, isto que estou chamando de relacionamento objetal do elemento feminino puro estabelece o que talvez seja a mais simples de todas as experiências, a experiência de ser. Aqui encontramos a verdadeira continuidade*

23 Winnicott 1971f, p. 23.

> *de gerações, sendo esta o que é passado de uma geração para a outra, através do elemento feminino de homens e mulheres e dos bebês do sexo masculino e feminino*[24].

Essa experiência de ser, propiciada pela sustentação ambiental, também está associada ao processo no qual a elaboração imaginativa das funções corporais dá sentidos às experiências existenciais, contribuindo e sendo a base da integração entre o que ocorre no corpo e os sentidos que são dados a esses acontecimentos, processo que Winnicott denomina alojamento da psique no corpo ou, ainda, processo de personalização. A elaboração imaginativa dá *sentido* às experiências existenciais: primeiro, aos acontecimentos corporais, num momento em que o mundo psíquico e o mundo somático são, por assim dizer, um só; depois, a elaboração imaginativa torna-se cada vez mais um processo complexo e multifacetado, de modo que, no percorrer do desenvolvimento, sonhar, desejar e outros processos análogos correspondem também a formas mais ricas de elaboração imaginativa. Ao dar sentido aos acontecimentos corporais (ao *soma*), também ocorre uma associação indissociável entre a psique e o soma, constituindo a unidade psicossomática que, por sua vez, corresponderá à própria experiência de ser si mesmo como pessoa em função da unidade psicossomática.

Nesse mesmo contexto, Winnicott aponta, ainda, para dois aspectos ou dinâmicas gerais que também seriam responsáveis por produzir experiências de integração: uma que viria *de fora*, gerando o sentimento de si mesmo, o *holding* materno (ou do ambiente), que, adaptando-se às necessidades do bebê, torna possível que experimente o sentimento da continuidade de ser; e, outra, que viria *de dentro*, advindo de intensas excitações corporais e, nessa mesma direção, poder-se-ia afirmar, também da experiência da dor. Diz Winnicott:

24 Winnicott 1971va, p. 140.

> *A tendência a integrar-se é ajudada por dois conjuntos de experiências: a técnica de cuidados com o bebê pela qual o bebê é mantido aquecido, manuseado e banhado e ninado e chamado pelo nome, e também as agudas experiências instintivas que tendem a aglutinar a personalidade a partir de dentro*[25].

Nas transformações corporais que estamos analisando, não é desprezível a experiência que essas pessoas têm com a dor (como um tipo de excitação aguda), e talvez esse seja um elemento dinâmico importante que acompanha a busca e o sentimento de estar integrado (ou ter chegado) a si mesmo.

Retomando o percurso do processo de desenvolvimento das experiências, focado na explicitação dos modos de experienciar *ser* ou experienciar o self, modos que são cada vez mais elaborados, a criança começa a sair da sua realidade, apenas *subjetiva*, em direção ao reconhecimento da realidade externa compartilhada que difere da sua realidade interna, a chamada realidade *objetiva*. Quando chega a poder relacionar-se com uma realidade apreendida como externa a si mesmo, já ocorreu a distinção entre o *eu* e o "*não eu*", o *eu* e o *outro*. Mas, entre um momento e outro, entre o modo de relação com a realidade subjetiva e o modo de relação com a realidade subjetiva, a criança vive um modo de ser e estar no mundo que está entre uma coisa e outra, ou seja, um modo *transicional* de ser-estar e de relacionar-se. Na dinâmica relacional que caracteriza a transicionalidade, o self cria e encontra os objetos com os quais se relaciona e, ao fazer essa criação-encontro, ele também cria e encontra a si mesmo. Os fenômenos transicionais correspondem e têm a mesma dinâmica da ação de *brincar*, que é, para Winnicott, um dos fenômenos estruturantes

25 Winnicott 1945d, p. 289.

da vida pessoal e relacional do ser humano, levando-o, naturalmente, a descobrir o próprio self[26] e os relacionamentos grupais[27].

Aqui, a experiência de ser está conjugada com o encontro de algo que não é o ser; trata-se de um ser-com, no qual o indivíduo e o outro (o objeto) estão juntos e separados. A expansão desse modo de relação com os objetos, bem como desse modo de relação com a realidade, corresponde, para Winnicott, àquilo que leva ou impulsiona o homem para o mundo da cultura, dando a ele uma realidade compartilhada, na qual ele tem um *lugar para viver*, ou seja, é encontrando a si mesmo na vivência da realidade compartilhada, vivência dos fenômenos transicionais, que o indivíduo também encontra o outro, obtendo desse *lugar* tanto identidade quanto alteridade. A ilusão de contato, de partilhar o mesmo mundo, como expansão dos fenômenos transicionais e da atividade do brincar, levando o indivíduo a um lugar social no qual ele partilha o mundo com os outros, corresponde a mais uma modalidade da experiência de ser, um ser-com que fornece o "si mesmo" e o outro.

Os fenômenos transicionais, assim colocados em evidência por Winnicott, são também, para ele, o impulso que leva o homem à sua vida cultural, dado que brincar leva ao encontro de si mesmo e do outro. A ação de *brincar-com* corresponde à constituição de um espaço compartilhado, no qual o indivíduo experiencia a si mesmo (encontra a si mesmo) na sua relação consigo e com o outro. A experiência cultural corresponde, pois, à expansão da área da brincadeira, área da ilusão de contato e da comunicação, ou seja, área dos fenômenos transicionais (essa terceira área da experiência corresponde também à experiência de ser-no-mundo, ser ao mesmo tempo integrado e diferenciado do mundo, fundamento do encontro de si mesmo e da vida social e, portanto, base e fundamento para o encontro e a

26 Winnicott 1971r, pp. 92-93.

27 Winnicott 1968i, p. 74.

constituição do self). Ela corresponde, pois, a uma vivência que pode fornecer algo da experiência de ser "si mesmo" em conjunto com a experiência de compartilhar esse modo de ser com os outros (como um tipo de reconhecimento social). Aqui também a experiência de ser si mesmo (como processo identitário) não é caracterizável em função de algum predicado de si mesmo.

Com essas experiências de *ser* sem predicado e de *ser-com*, o indivíduo caminha, no seu desenvolvimento, na saúde, para a conquista de um modo de ser-estar-no-mundo que diferencia o *eu* do que é *não-eu*, inicialmente num quadro de uma relação dual ou a dois corpos, possibilitando a experiência *eu-sou-diferente-de*. Na continuidade desse desenvolvimento, ocorre uma série de outras integrações (dos impulsos amorosos e destrutivos, da vida instintual etc., todos compondo o self e expandindo-o) que levarão o indivíduo à conquista de outra forma mais complexa e integrada de ser no mundo, consigo mesmo e com os outros: a de ser uma *pessoa inteira* (*whole person*), nova integração ou unidade que se relaciona com os outros como pessoas inteiras (no quadro de uma relação triádica ou a três corpos, num cenário edípico). É como pessoa inteira que o indivíduo terá de administrar a sua vida instintual (sexual ou pulsional) nas relações interpessoais. Esse tipo de experiência pessoal e relacional torna possível ao "eu" predicar a si mesmo, o que nos faz caracterizar esse tipo de experiência de ser como a de *ser-predicável* (*eu sou x*).

Defende-se, aqui, que é somente nessa última fase que a apreensão e a constituição da identidade, pelo indivíduo, são animadas por processos projetivos, introjetivos e identificatórios, nos quais um possível predicado pode dar uma identidade ao *eu sou*. É, pois, nesse momento que poderíamos caracterizar as experiências de ser como também sendo realizadas nas relações com os predicados do ser. No entanto, diz Winnicott, é a experiência inicial (de SER) que

> *forma a única base para a autodescoberta e o senso de existir (e, depois, à capacidade de desenvolver uma parte interna, ser um continente, ter uma capacidade de utilizar os mecanismos de projeção e introjeção e relacionar-se com o mundo em termos de introjeção e projeção)*[28].

Todas essas dinâmicas se conjugam, ainda, com a ideia ou experiência de que a identidade (ou o sentimento de ser real e ter um lugar para viver) também pode se relacionar com um predicado aplicável ao sujeito, ainda que, em termos gerais, a experiência e o sentimento de ser, no seu fundamento, não seja predicável: a experiência de ser não pode advir de um predicado ou imago fornecidos ou impostos ao sujeito psicológico. Diz Winnicott, nesse sentido:

> *O self realmente não pode ser encontrado naquilo que se cria a partir de produtos do corpo ou da mente [aqui, no caso das transformações sobre o próprio corpo, este é considerado como um produto], por mais relevantes que esses constructos possam ser do ponto de vista estético, técnico ou do impacto que causam*[29].

Análise do problema das transformações corporais radicais como busca de si mesmo: a questão da predicação do self

O sentimento de ser "si mesmo", de ter uma vida real, de ter uma identidade psicossomática harmônica com um modo de ser no mundo pode, evidentemente, ser realizada de muitas maneiras. Uma delas, no entanto, objeto de análise deste capítulo, é quando essa busca de

28 Winnicott 1971va, p. 142.

29 Winnicott 1971r, p. 93.

si mesmo está associada à necessidade de realizar marcas ou transformações no corpo, mais ou menos amplas. Trata-se de buscar a si mesmo na experiência com o próprio corpo.

Nos casos em que há uma busca por um "outro corpo", evidentemente, há uma questão dissonante da parceria psicossomática, uma cisão entre o corpo que se tem e a apreensão que se tem de si mesmo, o que pode ser formulado em termos de uma procura de si mesmo ou, em termos de procura de uma identidade, uma identidade (igualdade) entre o sentimento de si e o sentimento do corpo que se tem. Defendemos a hipótese de que, nesses casos em que um indivíduo procura impor uma forma ou marca corporal a si mesmo, uma imago-realizada-no-corpo, que se sobrepõe ao corpo que se tem (gato, zumbi, vampiro etc.) – como uma colagem que toca as entranhas do ser –, há uma busca pelo sentimento de ser "si mesmo", busca que mescla os diversos tipos de experiências (ou soluções) que fornecem, empiricamente, esse sentimento ao indivíduo ao longo do processo de desenvolvimento.

Trata-se de considerar que, nesses casos, ocorreram dissonâncias significativas na associação entre o sentimento de ser e o sentimento do próprio corpo, nas fases mais primitivas do desenvolvimento. Por um lado, tendemos a supor que ocorreram falhas ambientais primitivas no processo de desenvolvimento (falhas num momento em que o sentimento e a experiência de *ser* não estão atrelados a um predicado para o ser), perturbações que o indivíduo procura sanar impondo a si um predicado, ou seja, utilizando uma solução que diz respeito ao que ocorre numa fase em que o indivíduo, já integrado na condição de uma pessoa inteira, procura sua identidade num processo de identificação com uma determinada figura ou *imago* externa. Por outro lado, pode ter ocorrido outro tipo de situação na qual não houve propriamente uma falha (falta de sustentação ambiental), mas, sim, uma cisão ou dissonância entre o modo como se foi cuidado e a experiência que o indivíduo tem de si mesmo, por exemplo, no caso analisado por Winnicott em *Holding e interpretação*[30], em que o menino foi cuidado como menina, e "ser menina" era sua opção para ser para a mãe.

A questão que deve ser colocada é saber em que sentido e com que eficiência o processo de modificação corporal, com a chegada num predicado para o ser, pode dar uma resposta positiva para o que essas pessoas buscam, dado que algo *parece* ser encontrado nessas transformações, ainda que o que parece ser encontrado (como conquista e realização, como atingindo o que se busca na fantasia e na expectativa do resultado afetivo dessas transformações) se mostre, na maior parte dos casos, pouco duradouro. Consideramos que as pessoas que buscam e realizam transformações corporais radicais buscam encontrar, efetivamente, experiências que fornecem algo que realiza um sentimento de ser si mesmo, algo de sua procura por um lugar para viver e por uma identidade, ainda que a solução procurada possa ser parcial, ou mesmo incompleta. A avaliação da medida, ou em que medida essas transformações fornecem alguma coisa do que é procurado, depende muito mais dos processos aí envolvidos (a dor, o compartilhar social como passível de ser experimentado num espaço potencial compartilhado, a realização da fantasia que o acompanha etc.) do que do predicado adquirido.

O processo de constituição da identidade é longo e composto por diversas fases e dinâmicas inter-relacionais, o que nos faz considerar que a maneira como a criança ou o adolescente avaliam suas identidades corresponde a visões parciais de um processo em andamento, não só porque o processo está inacabado, mas também porque a criança e o adolescente ainda não têm as condições afetivas e cognitivas para ter uma visão global integrada da situação em que estão, e isso sem que seja necessário considerar que a situação de dependência infantil (adolescente incluso) é extremamente suscetível às opiniões e aos desejos dos adultos. Crianças e adolescentes

30 Winnicott 1986a.

experimentam modos de ser e estar no mundo nos quais a realidade e a fantasia estão claramente misturadas, como ocorre de maneira mais nítida nas brincadeiras infantis e no *faz de conta* das crianças, quando elas experimentam ser super-heróis e todos os tipos de faz de conta identitários. Na infância, quando a personalidade ainda está em fase de construção, temos de levar em conta essa imaturidade e que estamos num processo em andamento. Se isso for considerado, fica evidente que as intervenções precoces, como a de mudança de gênero infantil (inclusive com a aplicação de medicações e, até mesmo, cirurgias) correspondem a um erro, talvez atendendo muito mais aos desejos e expectativas dos pais ou cuidadores (que, certamente, intervêm na apreensão que a criança tem de si mesma, do seu corpo, da sua realidade, da realidade social etc.). Estão nesse mesmo cenário outras transformações corporais mais extensas, como amplas tatuagens e outras alterações corporais. Não entra aqui em conta moralismo algum; trata-se mais de uma *questão ético-científica*... É como se fosse proposta fazer dentaduras fixas (inclusive com a possibilidade de fazerem cirurgias e implantes) para as crianças porque os dentes de leite estão caindo (desconhecendo que haveria um processo em andamento para o surgimento de uma nova dentição)!

Há um aspecto do objetivo dessas pessoas que, já adultas, fazem transformações corporais extremas, não negligenciáveis, que se refere ao fato de que a utilização dessas transformações corporais também corresponde a um modo de expressão e imposição ao mundo como reação contra as violências e os traumas sofridos, um tipo de denúncia ou expressão de seus sofrimentos, uma objetificação e materialização de suas dores. Note-se, por exemplo, nesse sentido, como Maria José Cristerna, a "Mulher-Vampiro", concebe suas transformações corporais como uma maneira de "denunciar" a violência doméstica que sofreu durante dez anos em seu primeiro casamento, considerando, então, a tatuagem e suas transformações corporais como uma forma de libertação de si mesma.

Considerações finais

Ao final de nossa análise, acreditamos poder afirmar que as transformações corporais, que colocamos em evidência estão relacionadas a uma *busca de si mesmo*. Caberia, então, avaliar, em cada caso, em que medida essas soluções (transformações corporais) atendem ou atenderam à busca dessas pessoas – de forma mais ou menos parcial, mais ou menos duradoura – e em que medida elas fracassam, dado que, por um lado, um predicado jamais pode dar ao indivíduo o sentimento de *ser*, mas, por outro, há algumas experiências de ser, aqui descritas, que podem fornecer algo de si mesmo. Estamos apontando para as transformações corporais como uma tentativa ou busca pelo sentimento identitário, uma busca de si mesmo, mas sabemos que muitas dessas soluções (transformando o corpo) correspondem muito mais a uma tentativa que obtém resultados parciais, e não propriamente a uma integração psicossomática harmoniosa, dado que esse novo corpo é muito mais um predicado do self do que o próprio self.

Podemos considerar, com esse percurso argumentativo analítico construído na comunhão da teoria do desenvolvimento emocional (do ponto de vista de Winnicott e sua ontologia centrada na necessidade de ser e continuar a ser), com acontecimentos apreendidos da realidade social compartilhada – num trabalho de psicanálise aplicada –, que a construção da identidade e o sentimento de apreender-se como tendo uma pode ser entendido em função das diversas experiências cumulativas de ser si mesmo, reconhecidas no processo de desenvolvimento emocional (expressas sinteticamente nos termos: sou, sou-com, sou-diferente-de, sou-predicável ou eu-sou-x) e presentes ao longo de toda a vida.

Sabemos, no entanto, que esse problema da identidade e da apreensão de si mesmo como reconhecendo-se numa identidade – num certo sentido, nem é um problema pertinente ao campo da psicanálise, dado que nossa identidade seria apenas o resultado dinâmico do jogo de relações entre os diversos sistemas que compõem a vida psíquica – acaba por referir-se a um conjunto amplo de determinantes advindos de diferentes perspectivas e paradigmas dedicados à compreensão de como o homem apreende a si mesmo (com as diversas perspectivas filosóficas, antropológicas, históricas, biológicas, etológicas, sócio-político-culturais etc.). Sabemos também que a nossa proposta corresponde a uma das perspectivas teórico-clínicas possíveis e, ainda assim, mesmo dentro da própria teoria psicanalítica, deveria ser articulada a outros processos (os diversos processos referidos ao modo de adentrar e viver a triangulação edípica, a relação primordial com a mãe, o lugar do pai nesse processo, os diversos modos de expressar amor e gratidão tanto em termos positivos como reativos, a compreensão de ações cujo objetivo é agredir seja a si mesmo seja o outro etc.).

Feitas essas considerações e relativizações finais, podemos retomar a perspectiva do desenvolvimento dos diversos modos de experienciar a si mesmo reafirmando-a como útil para a compreensão teórico-desenvolvimentista e clínica da questão da busca e encontro de si mesmo e do problema do reconhecimento identitário de si mesmo, às vezes levando à busca desse sentimento na transformação, mais ou menos intensa, do próprio corpo. Mais ainda, que essas experiências de ser "si mesmo" descrevem modos de relacionar-se que também são revividos nos processos psicoterápicos psicanalíticos, especificando dinâmicas relacionais e diferenciando modos de viver e manejar o encontro analítico, modos de viver e manejar a transferência, colaborando para o processo de encontro e integração de si mesmo, que, por sua vez, diz respeito ao fenômeno da apreensão, construção e necessidade (mais ou menos intensa, podendo ou não ser uma questão existencial) de apreender-se ou reconhecer-se em função de uma identidade específica.

11. *Self-harm*: uma ação paradoxal que destrói e busca a si mesmo

Self-harm é um termo que se refere a um tipo de comportamento ou sintoma grave, no qual chama a atenção e preocupação clínica a intensidade e a repetitividade das ações maculando o corpo, sintoma que consideramos referido a problemas e angústias do tipo das que vivem pacientes psicóticos (manifestos ou potenciais), cujo tratamento tanto psicoterápico quanto medicamentoso se coloca no campo das psicoses. Sua compreensão tem sido feita de diversas maneiras, tanto na sua descrição, quanto na sua teorização, dentro e fora da psicanálise.

Há uma série de comportamentos autoagressivos, especialmente os de autocorte, que tem surgido com grande frequência na atualidade. A origem e os sentidos desses sintomas ainda são campo de grande diversidade de apreensão e explicação, enunciados por diferentes *sistemas teórico-semânticos*[1] (dentro e fora da psicanálise) que, por sua vez, resultam em propostas de tratamento diferentes.

Uma análise que considerasse a diversidade de perspectivas de entendimento desse sintoma nos levaria a uma ampla literatura[2] exigindo um trabalho de compreensão crítico-comparativa extenso que enfrentaria, inclusive, o problema epistemológico-metodológico de colocar em diálogo e comunicação sistemas teóricos diferentes da psicanálise. Além disso, uma síntese entre todas as perspectivas teórico-semânticas dedicadas a esse fenômeno, para apresentar uma visão unitária na psicanálise e para além dela, está fora de questão: não há síntese entre sistemas teórico-semânticos diferentes, como não há síntese entre linguagens, que possa apresentar modelos que a todos inclua numa única visão harmônica[3]. Conhecendo essa literatura sobre o *self-harm* e cientes da gravidade desse sintoma e dos problemas epistemológico-metodológicos citados, optamos por apresentar aqui uma compreensão delimitada do problema, colocando-nos do ponto de vista da teoria do desenvolvimento emocional de Winnicott.

Propomos, em primeiro, iniciar nossa análise colocando em evidência alguns aspectos fenomenológicos desse tipo de comportamento, bem como mostrar que há muitos outros fenômenos-sintomas

1 Cabe aqui, uma justificativa para o uso da expressão "sistemas teórico-semânticos", dado que, em geral, usam-se outras formas de designação ("abordagem", "modelo", "linha", "sistema" ou "sistema teórico") que não têm a precisão e o rigor que desejamos. Nossa expressão designa um conjunto de características sobrepostas, a saber: uma linguagem específica, um conjunto de concepções teóricas de um determinado modo de enunciar e resolver problemas, uma ontologia, um conjunto de valores práticos (na observação dos fenômenos e no encaminhamento dos problemas enunciados), todos eles pensados tal como elementos do que Thomas Khun denominou matriz paradigmática.

2 Cujas principais referências citamos: Welldon 1988; Turp 1999; Fortes & Kother 2017; Chassler 2008; Fonagy & Target 1995; Krystal 1978, 1988; McDougall 1974, 1989a, 2001; Farber 2000; Straker 2006; Lacey & Evans 1986; Pattison & Kahan 1983; Fonagy, Gergely & Jurist 2002; Motz 2001.

3 Fulgencio 2020a.

que parecem ter dinâmicas semelhantes. Essa parte recolhe uma série de material clínico já apresentado por outros autores, sejam estes apreendidos no contexto de tratamentos psicanalíticos, sejam em outros contextos; o importante aqui é a apreensão de como esses pacientes se referem e dão sentido a esse tipo de sintoma. Dadas essas referências fenomenológicas, vamos nos remetera uma determinada interpretação da obra de Winnicott – em especial, na consideração da sua teoria do desenvolvimento emocional centrada na questão da dependência e da necessidade de ser[4] –, para analisar os fenômenos clínicos descritos.

Certamente, nossa análise não pretende fornecer uma compreensão que aborde todos os casos, mas, reconhecendo a variedade e a complexidade desse sintoma, acrescentar-lhe mais uma perspectiva para seu entendimento e tratamento, no campo da psicanálise.

Self-harm *e fenômenos afins*

Comecemos com algumas declarações daqueles que praticaram esse tipo de ação, já descritos por Gillian Straker:

> *Estava com raiva, ferido, chateado e pensei: se eu fizer algo para me livrar de tudo isso. [...] E eu peguei a lâmina e cortei o braço. E enquanto cortava, é como se não houvesse mais nada. Só eu e essa lâmina e o mundo inteiro. [...] Meu próprio corte e é o meu sangue e é o meu sentimento. E depois esqueço de ficar zangado e odiar a todos.*[5]

E segue: "É puramente espiritual e não o espírito intelectualizado [...] e a encenação / de estar onde se pode meditar e ter pensamentos

4 Cf. Fulgencio 2007, 2015, 2019, 2020c, 2022c.

5 Straker 2006, p. 98.

profundos e maravilhosos sobre a existência"[6]; "isso confirma que sou tangível. O mesmo acontece com o corte. Fico muito confuso, porque não quero me machucar. [...] falta algo. Que só pode ser substituído pelo sangue"[7]. "No momento de cortar o tempo para, e com a dor do corte, sempre muito menor do que a dor psicológica, e com o sangramento, tudo se torna claro e concreto. [...] se o corte for realmente você, finalmente integrado corpo e mente"[8]; "Mas as cicatrizes, elas ficam, como prova de que eu senti"[9].

Encontramos também uma série de considerações sobre o sentido ou objetivo desse tipo de ação: "Na vasta experiência clínica de Welldon[10], atos de autoflagelação proporcionam uma breve sensação de bem-estar e uma sensação de alívio da ansiedade crescente"[11]; "além da função de autoflagelação, o autocorte é uma tentativa de colocar em prática os elementos envolvidos na construção da autoestrutura"[12]; "Diante desta impossibilidade de colocar em palavras a própria dor, o ato automutilatório se apresenta como um recurso apaziguante"[13]; "diversos pacientes iniciam o tratamento sentindo solidão generalizada e morte psíquica e muitos foram mortos por uma longa história de depressão"[14].

A literatura dedicada ao *self-harm* também o associa a uma série de outros sintomas, como: distúrbios alimentares, abuso de substâncias e álcool e explosões violentas[15]; automutilação, tatuagem, *piercing* corporal, cirurgia mutilante, distúrbios alimentares (anorexia

6 Straker 2006, pp. 98-99.
7 Straker 2006, p. 102.
8 Straker 2006, p. 104.
9 Straker 2006, p. 108.
10 Welldon 1988.
11 Turp 1999, p. 312.
12 Straker 2006, p. 93.
13 Fortes & Kother 2017, p. 355.
14 Chassler 2008, p. 69.
15 Fonagy & Target 1995; Krystal 1978, 1988; McDougall 1974, 1989a.

nervosa, bulimia nervosa e obesidade), abuso de substâncias, jogo compulsivo, sadomasoquismo[16]; coçar, cortar ou passar fome, vômitos, abuso de drogas ou álcool, envolvimento em relações abusivas, cicatrizes, tatuagens ou *piercings* repetidos na pele[17].

Dentro desse quadro, uma observação clínica importante: *o comportamento de* self-harm *não corresponde a uma tentativa de suicídio*, podendo, no entanto, causar a morte muito mais como um acidente do que como uma intenção[18].

A compreensão do self-harm *no quadro do pensamento de Winnicott*

Nossa proposta de compreensão do *self-harm* procura defender as seguintes hipóteses como sendo o objetivo (ou intensão inconsciente) desse sintoma:

- obter, pela dor, um sentimento de integração, de sentir-se vivo e real, justamente nos momentos em que angústias impensáveis (ou angústias de despersonalização) tornam-se intensas;
- defender-se do sentimento de aniquilação ou desintegração, por falta de sustentação ou invasão ambiental, sendo, pois, uma busca por si mesmo ou busca da experiência de ser;
- objetivar uma dor e angústia difusas numa dor específica; uma busca de si mesmo, pela experiência de ação sobre o corpo, do criar-encontrar a si mesmo como ocorre com os fenômenos transicionais, seja em termos individuais, seja como fenômeno compartilhado com o outro ou com um grupo (real ou virtual); uma atitude antissocial, visando a recuperar a confiabilidade ambiental

---

16 Chassler 2008, p. 69.

17 Farber 2000, p. 267.

18 Turp 1999, pp. 306-308.

perdida, ou ainda, uma forma de manipular o ambiente para obter dele o contorno que o indivíduo sente faltar em si mesmo.

Note-se que todos esses sentidos reiteram o fato de que esse sintoma tem seu fundamento nas angústias de tipo psicótico, bem como reconhece que há um comportamento agressivo, ainda que não consideremos que a destrutividade corresponda ao objetivo ou meta primária de tais ações, mas o meio pelo qual determinadas necessidades de ser e ser visto são realizadas.

O conjunto de hipóteses aqui apresentadas estão inseridas no quadro do pensamento de Winnicott, que pensa a natureza humana, ontologicamente, referida à necessidade de ser e a continuar a ser, ou seja, aos seus diversos modos de ser-estar-relacionar-se no mundo[19]. Nesse quadro desenvolvimentista, poderemos analisar algumas dinâmicas existenciais-relacionais como sendo modos específicos de ser-estar (*ser, ser-com, ser-diferente-de, ser predicável*) que, por um lado correspondem ao que algumas pessoas procuram com o *self-harm* e, por outro, podem ser reproduzidos no tratamento analítico como modos de experienciar ser no contexto clínico, apontando, então, para procedimentos (no manejo da transferência) para cuidar desses casos que necessitam retomar ou experimentar essas experiências de ser.

Para todas as perspectivas teórico-clínicas apresentadas desde o início deste capítulo, a gênese do *self-harm* (em termos fenomenológicos) está associada a falhas no cuidado, nas fases mais primitivas do desenvolvimento.

---

19 Cf. Fulgencio 2019, 2020c.

Quadro geral da teoria do desenvolvimento emocional do ponto de vista de Winnicott

A teoria winnicottiana do desenvolvimento emocional tem sido comentada por diversos autores[20], considerando que o ser humano segue as seguintes linhas ou direções no seu desenvolvimento emocional, indo:

1. Do estado de não-ser, de onde advém o ser, ontologicamente pensado, para o estado de ser-no-tempo-com-o-outro (realizando-se de diversas maneiras, desde a situação em que não há maturidade para apreensão de uma realidade não-self até a possibilidade de apreender a si e ao outro como dois – o que se denomina, mais especificamente, como o *processo de subjetivação* –, seja no quadro das relações a dois corpos, seja no quadro das relações a três corpos, referindo-se às relações triangulares), culminando, no final da existência, a um retorno ao não ser, como sendo a última das experiências.
2. Do estado de nãointegração inicial para os diversos tipos e graus de integração (no tempo, no espaço, de alojamento da psique no corpo, de chegada ao Eu como unidade do sujeito psicológico).
3. Da situação de dependência absoluta inicial em relação ao ambiente para o estado da independência relativa do indivíduo em relação ao outro e ao ambiente, caracterizando as fases de *dependência absoluta* (origem até aproximadamente os 4 primeiros meses), *relativa* (até, aproximadamente 1,5 ano), de *independência relativa infantil* (até o fim da latência) e de *independência relativa adulta* (da adolescência até a morte final).

---

20 Como Abram 2008; Dias 2003; Phillips 1988; Spelman 2013a, 2013b; e, dentre eles, a referência à uma teoria do desenvolvimento do *ser*, por Fulgencio 2019, 2020c.

Para Winnicott, o fundamento da natureza humana (seu impulso essencial [*essential drives*]) é descentrado em relação ao lugar das pulsões [*Triebe*] assim como Freud – ainda que o corpo jamais deixe de ser considerado –, sendo dirigido para uma outra ontologia, em que a noção de ser tem posição central (junto com noções como a de *tendência inata à integração*, *impulso amoroso primitivo* e *elaboração imaginativa*). Note-se que, nessa forma de descrever o desenvolvimento emocional, a noção ou o problema SER e continuar a ser, é tomado como uma suposição de base para a compreensão da natureza humana[21].

Inicialmente, Winnicott supõe que o ser humano é considerado não integrado, imaturo para apreender uma realidade não-self e totalmente dependente do ambiente para existir, para ter garantida a continuidade da experiência de ser, momento em que só a sustentação ambiental (sem que a criança possa reconhecer esse ambiente como algo propriamente diferente dela) pode fornecer tal experiência. Ao colocar a necessidade de ser e continuar a ser como fundamento, Winnicott também acaba por colocar, na outra ponta do desenvolvimento, uma concepção de saúde:

> *A vida de um indivíduo saudável é caracterizada por medos, sentimentos conflitantes, dúvidas, frustrações, tanto quanto pelos aspectos positivos. O principal é que o homem ou a mulher sinta que está vivendo sua própria vida, assumindo a responsabilidade pela ação ou inação e sendo capaz de receber o crédito pelo sucesso e a culpa pelo fracasso. Em uma linguagem pode-se dizer que o indivíduo emergiu da dependência para a independência, ou para a autonomia*[22].

21 Cf. Fulgencio 2019, 2020c; Roussillon 2009.

22 Winnicott 1971f, p. 29.

O processo que vai da origem até o momento final de retorno ao não ser pode ser, então, descrito como uma série de integrações, seja do sujeito psicológico, seja de qualidades ou atributos desse sujeito psicológico. Poderíamos, nesse sentido, apontar para alguns modos de ser-estar-relacionar-se que caracterizam não só o desenvolvimento emocional, mas também modos de ser-estar *no* mundo e *com o* mundo, funcionando como dinâmicas existenciais do self consigo mesmo e com o outro:

1. Na fase inicial da vida (*dependência absoluta*), não há para o bebê (e, antes dele, para o feto) a distinção de uma realidade não-Eu[23]. O bebê (e o feto), ao ter suas necessidades atendidas pelo ambiente, vive a experiência SOU (a partir de si mesmo, sem que nenhum predicado ou reconhecimento do outro como algo externo ao self esteja presente), sem que ele reconheça, portanto, que existe um ambiente que o sustenta. Estamos nos referindo ao que seria experienciado do ponto de vista do bebê e não o que é visto do ponto de vista do observador (para quem sempre há a existência de um terceiro). Nesse momento, ocorre o que Winnicott caracterizou como a relação (ou dinâmica relacional) com o *objeto subjetivo*.
2. Mais à frente, no processo de desenvolvimento, depois de uma série de integrações (em meados da fase da *dependência relativa*), podem surgir os objetos e fenômenos transicionais, ou seja, um determinado modo de relação com a realidade (com certos objetos da realidade externa), que são *criados e encontrados* pelo indivíduo. Esses objetos são, ao mesmo tempo, o próprio indivíduo e a sua primeira posse (como algo, então, paradoxalmente, interno e externo, constituindo a terceira área da experiência, entre a externa e a interna). Ressalte-se que o si mesmo é criado-encontrado, realizado numa experiência vivida em termos de *ser-com*.

23 Winnicott 1988, p. 153.

Nesse momento, ocorre, pois, a relação do tipo transicional: os objetos são criados e encontrados, o sujeito e o objeto são, ao mesmo tempo, criados e encontrados, juntados e separados.

3. Ao fim da fase da dependência relativa e início da fase da independência relativa infantil, ocorre a grande conquista integrativa, com a chegada no *Eu Sou*, inicialmente expressão de Eu-Sou-diferente-de, estabelecendo o eu como uma membrana limitadora (com um dentro e um fora) diferenciando-se de todo o resto; momento, diz Winnicott, que o indivíduo estabelece relações do tipo dois-corpos. Ao chegar nessa integração, há uma primeira distinção entre o Eu e o outro – início das relações objetais propriamente ditas – ainda que o outro seja identificado, grosso modo, a tudo que é diferente do EU.
4. Na fase da independência relativa (para nós, dividida em fase infantil e fase adulta da independência relativa) – ou fase do concernimento, também associada ou referida por Winnicott ao que Melanie Klein denominou de posição depressiva – o indivíduo inicia, após a conquista do *status* integrativo expresso na expressão *Eu Sou*, uma série de outras integrações (da vida instintual, dos impulsos amorosos e destrutivos, a realização do ciclo benigno etc.), aumentando e complexizando a unidade do sujeito psicológico, chegando, então, o indivíduo, a sentir-se como uma *pessoa inteira* (*whole person*) e a poder também apreender os outros como pessoas inteiras. É nesse momento que a sexualidade e o complexo de Édipo (junto com seu corolário, o complexo de castração) passam a exercer influência mais significativa e organizadora da subjetividade dos indivíduos (momento que inicia com a possibilidade da relação a três corpos, em que a vida instintual precisa ser administrada nas relações interpessoais). É aqui, também, propriamente, que os mecanismos de projeção, introjeção e identificação passam a ser determinantes na construção da identidade do *Eu*. Com essa integração, a *pessoa inteira* pode,

então, dar-se ou procurar-se um predicado ou qualificar-se como sendo tal ou qual adjetivo ou substantivo: *Eu Sou X* (sendo *X*, um predicado). A possibilidade de predicação depende desse tipo de integração. Nesse momento, temos a realização plena do tipo de relação com os objetos, sendo estes últimos considerados como *objetos externos*, momento em que todas os processos projetivos e introjetivos podem realizar-se de modo mais pleno.

No início da existência, Winnicott chama a atenção para o fato de que a falta de sustentação ambiental pode levar o ser humano a viver um tipo de angústia específica (quando esse ser humano ainda não tem a possibilidade de pensar, ou seja, de colocar os acontecimentos existenciais no campo das representações e das simbolizações, campo psíquico que articula representações, organiza-as e mesmo as sistematiza, tendo a possibilidade de colocá-las, com o amadurecimento, no campo dos conceitos ou símbolos): as *angústias impensáveis*. Em termos conceituais, são assim chamadas porque não podem ser administradas, elaboradas pelo self, que não teria, então, recursos afetivos e cognitivos para tal; em termos descritivos, referem-se a *sentir-se quebrando em pedaços, caindo para sempre, não ter conexão alguma com o corpo, carecer de orientação*. Em termos nosográficos, elas se referem ao amplo campo das experiências vividas pelos psicóticos ou em episódios que remetem a esse tipo de experiência, mesmo em personalidades que se organizaram de forma mais saudável na vida[24].

Uma das tarefas fundamentais da existência é integrar-se num EU e encontrar, assim, um lugar para viver... Sem perda, em demasia, da espontaneidade[25]. Ou ainda, como *telos*, chegar no estado de saúde tal como citamos. Nesse caminho, um dos problemas iniciais corresponde, então, à necessidade de integrar-se numa unidade, de sentir-se um, de

24 Winnicott 1965n, pp. 73-75.

25 Winnicott 1965r, p. 80.

sentir-se real, de apreender a unidade psicossomática como sendo o self. Isto é possível, inicialmente, pela sustentação ambiental "suficientemente boa", ou seja, a que não joga o indivíduo, como padrão de relação, na situação em que ele se sente aniquilado (ou seja, não o leva às angústias impensáveis). Experiências de falha ambiental nesse contexto levam a diversos modos de defesa em busca de combater a falha ambiental, em busca de produzir sensações de integração que vão na direção oposta ao sentimento de despersonalização.

Considerando a necessidade de integração como um fato do desenvolvimento, Winnicott afirma que há dois caminhos para a integração, um advindo de fora e outro advindo de dentro:

> *A tendência a integrar-se é ajudada por dois conjuntos de experiências: a técnica de cuidados com o bebê pela qual o bebê é mantido aquecido, manuseado e banhado e ninado e chamado pelo nome, e também as agudas experiências instintivas que tendem a aglutinar a personalidade a partir de dentro*[26].

Note-se também que, para ele, o próprio sintoma psicossomático deveria ser considerado como uma tentativa de integração[27], ou seja, trata-se de produzir intensas sensações corporais, no caso a dor, como uma possibilidade de sentir a si mesmo (ainda que de forma passageira).

Dado esse quadro conceitual e descritivo do desenvolvimento emocional, podemos remetê-lo ao *self-harm* (quando este é dirigido à procura de um tipo de experiência ou sensação pessoal) como sendo, por um lado, uma procura pela experiência de ser, de sentir-se vivo e real, visando a integração do self ante as angústias advindas da quebra na continuidade

---

26 Winnicott 1945d, p. 289.

27 Winnicott 1954a, p. 425.

de ser, e por outro, o da procura pela sensibilização do outro, visando recuperar a confiabilidade e a sustentação ambiental perdidas, como se fosse um tipo de apelo para ser visto e cuidado pelo outro, ou ainda, numa direção parecida, quando visa a agredir o outro.

Neste capítulo, o foco é mais a primeira das possibilidades, que se refere aos problemas de ser e não-ser, antes que o desenvolvimento tenha levado à integração de ser, sentir-se e relacionar-se consigo mesmo e com o outro como uma pessoa inteira (ou seja, que apreende a si a ao outro como dois, mais ainda, como estando em relações do tipo a três corpos). Esquematicamente, ainda que isto simplifique um pouco a compreensão dos quadros psicopatológicos, trata-se, pois, de colocar em destaque o fato de que os problemas de *ser* (aos quais se referem o *self-harm*) são problemas de falta de integração que estão referidos, grosso modo, às problemáticas dos psicóticos; em oposição, aos neuróticos que, tendo chegado a essa integração (como pessoas inteiras), têm problemas de *fazer*, de relacionar-se com-o-outro na administração da vida instintual.

Self-harm e experiência de ser, na excitação corporal

Podemos considerar que agir sobre o corpo (por exemplo, pelo corte e sangramento), pode produzir o sentimento de ser real, de integrar-se, correspondendo, pois, a um modo passageiro de defender-se de angústias impensáveis que podem emergir numa ou noutra situação existencial. Por um lado, a própria dor, como elemento que gera um sentimento de integração vindo *de fora*, de efêmera duração, mas nem por isso inexistente; noutro aspecto do fenômeno, temos a questão do *sangrar*, do ver-se sangrando, o que, paradoxalmente, pode significar, por um lado, ver a vida esvaindo-se e, por outro, *sentir-se vivo e real*.

Maggie Turp considera que o sangue derramado pelo *self-harm* corresponde a um tipo de comunicação ou expressão de uma falta de continência.[28] Esse sentido não pode ser descartado, porém, esse aspecto mais positivo e ativo do "sangrar" e "fazer sangrar" parece ter um significado importante de ser reconhecido. Consideramos que, nesse último sentido, a relação com o sangue – especialmente a experiência primitiva com o sangue da mãe quando ainda se é um feto – tem grande importância e valor simbólico, quase um sinônimo de estar vivo. Sangrar é, pois, paradoxalmente, ver a vida indo e surgindo, como um constatar-se vivo ante a angústia impensável de não-ser.

Ver as cicatrizes é como ter presente a memória da experiência de ser, seja como uma experiência privada, seja como sendo exposto aos outros. Nessa direção, o fato de esconder as cicatrizes do *self-harm* também pode ter o sentido de preservar a experiência de ser – protegendo-a e, paradoxalmente, também sendo reconhecida no sentido contrário de atentar contra a vida e, desse modo, podendo causar vergonha – considerando que tal experiência pode estar sempre em risco (principalmente em situações ambientais que o paciente sente como perigosas para sua possibilidade de ser). Nessa mesma direção, acrescentando mais um aspecto desse paradoxo "cortar-se para expor ou explicitar o que ocorre a si mesmo"–"esconder o que se fez a si mesmo", parece, em muitos casos, haver uma percepção do self de que "fez-se algo errado consigo mesmo" (ainda que, nesses casos, não haja a percepção do motivo pelo qual a ação foi feita, mas sim o fato de que a ação é algo condenável por si mesmo e pelos outros), levando, então, à necessidade de esconder o que foi feito. A vergonha e a culpa por ter se machucado aumenta sua angústia, podendo levar, por um lado, a uma necessidade de punir-se e, por outro, a intensificação das angústias levam essas pessoas a procurarem algum alento no *self-harm*: esse sofrimento impulsiona, então, a reiterar o sintoma de *self-harm*, num ciclo patológico de autoalimentação do sintoma.

---

28 Turp 1999, p. 314.

Outro modo de experienciar ser corresponde ao *ser-com*; o que também caracteriza a experiência com os fenômenos transicionais. Winnicott mostra que essa experiência leva ao encontro de si mesmo e, por outro lado, quando há perturbações nessa fase, pode produzir sintomas como as dependências químicas e o puxar-arrancar os cabelos, como realizando, pela experiência sensória, sentir-se a si mesmo. No comportamento que estamos destacando para análise, também seríamos levados a supor que poderíamos estar no mesmo contexto (dor, sangramento, excitações de superfície, grandes e intensas excitações), numa lógica do fundir-se e separar-se do mundo que caracteriza os fenômenos transicionais.

Outro aspecto importante dos fenômenos transicionais é o fato de que eles também comportam experiências de pertinência grupal (o brincar juntos que fornece a si mesmo e ao outro ou outros, comungando um espaço, uma atividade na direção de uma "identidade" parcial grupal), o que ocorre, por exemplo, entre aqueles que procuram sensações extremas (*sensation seeking*), o grupo de tatuados, tatuadores, alcoólatras, anoréticos e outros agrupamentos afins (referidos a grupos reais ou virtuais), dentre os quais podemos incluir aqueles que realizam a ação de *self-harm*.

Semelhanças entre o self-harm *e as adicções*

A proximidade do *self-harm* com aquilo que decorre da experiência com os fenômenos transicionais leva também ao campo das adicções, patologia que, por sua vez, também está associada a problemas na fase da transicionalidade. Alguns autores referem-se diretamente ao caráter aditivo do *self-harm*, bem como à sua similaridade, tanto genética quanto relacional, com as adicções[29]. A nosso ver, com o praticante do

29 Cf. Fonagy & Target 1995; McDougall 1974, 1989a, 2001; Gurfinkel 2011, 2019; Humberg 2016; Gardner 2001; Kolk 1994.

self-harm ocorre algo que tem a mesma dinâmica que assola o adicto: escravidão ao sintoma; falsa solução, dado que o sintoma não fornece o alívio duradouro à angústia que o impulsiona; compulsão à repetição; ilusão de domínio sobre si mesmo; as próprias afecções etc. Nem o adicto nem o praticante do *self-harm* estariam à procura do prazer sádico ou masoquista, nem tampouco estariam realizando uma atitude suicida. Eles estariam, defendemos, procurando, nas sensações corporais, a experiência que necessitam para sentirem a si mesmos, de experienciarem a si mesmos como vivos e reais e, a partir daí, poderem viver. Eigen diz que, nessa direção: "As pessoas usam drogas e álcool não somente para escapar, mas para encontrar a si mesma"[30]. Acreditamos que o mesmo poderia ser dito sobre as pessoas que realizam o *self-harm*.

Self-harm como procura pela sustentação ambiental

Na perspectiva na qual o *self-harm* está propriamente dirigido ao outro – considerando-se, então, que já há uma organização ou integração do sujeito psicológico que pode distinguir a si e ao outro como sendo dois – destacaremos dois sentidos específicos:

- o primeiro, já citado, considerando-o como uma atitude antissocial, derivada do fenômeno da deprivação, visando, pois, recuperar a confiabilidade ambiental perdida;
- o segundo, num sentido próximo ao primeiro, quando tal comportamento visa a uma espécie de pedido de socorro, sem que tenha ocorrido deprivação, mas que corresponde a uma maneira de fazer o outro (ou o ambiente, numa formulação mais genérica) olhar para o indivíduo, para cuidá-lo, para atender às suas necessidades de sustentação ambiental, de ser, ser-visto, sentir-real etc.

30 Eigen 2011, p. 17.

Nesse segundo sentido, também poderíamos agregar as tentativas de manipulação do ambiente, visando chamar para si os cuidados e, até mesmo, a totalidade dos cuidados ambientais, um tipo de chantagem para ser atendido, visto e cuidado, que não suporta qualquer distanciamento ou alteridade (por exemplo, a possibilidade dos pais viajarem ou dar atenção a outros irmãos).

Modos de ser-estar no processo analítico com uma das direções para o tratamento do self-harm

A experiência de ser, como a mais simples das experiências, refere-se a experienciar um SOU quando o outro não é percebido, propriamente, como outro, mas apenas como suporte ou sustentação ambiental, não um suporte morto, mas vivo e ativo na sustentação: no caso do bebê, com a mãe-ambiente atendendo às suas necessidades; no caso do analista, com este ocupando o lugar do objeto subjetivo do paciente. Winnicott mostra que esse tipo de dinâmica relacional corresponde a um dos modos existenciais relacionais que realizam e possibilitam a experiência SOU advinda da sustentação ambiental sem que o ambiente seja propriamente apreendido como algo externo. Ele comenta, por exemplo, que, nas primeiras entrevistas em psicanálise, é comum o analista ocupar o lugar do objeto subjetivo do paciente[31].

É esse tipo de acontecimento relacional, transferencial, que possibilita ao paciente experimentar um *Sou* como algo que ocorre pela sustentação e adaptação ambiental às necessidades do paciente (especialmente, a necessidade de ser visto, ser entendido, sentir-se podendo expressar a si mesmo sem ser invadido), sem que o outro ou o ambiente sejam apreendidos como externos, mas somente como um suporte (no mais das vezes, não visto, poder-se-ia dizer). A palavra,

31 Winnicott 1971b, p. 7.

aqui, está em função da sustentação ambiental, e não propriamente levando à revelação dos conflitos inconscientes reprimidos.

A experiência de *ser-com* – que caracteriza os fenômenos transicionais ou, sinônimo, a atividade de brincar – pode ser realizada na relação com o outro, em termos duais ou grupais, ou sozinho. Na relação terapêutica psicanalítica, isso é realizado pela dupla paciente-analista, na conjunção da área do brincar do paciente e do analista[32], ainda que nem tudo o que ocorre no processo analítico seja um fenômeno transicional, além do que é necessário diferenciar o que ocorre do ponto de vista do paciente e do analista. O *compartilhar* fenômenos transicionais corresponde a um tipo de acontecimento relacional (transferencial), no qual ocorre um tipo de comunicação na mesma dinâmica do brincar. O analista não é o objeto transicional do paciente, mas compartilha com ele determinada comunhão temática, dialogal – conversando sobre esporte, música, corrida de Fórmula 1, boxe, literatura e, também, os assuntos da vida privada do paciente etc. – às vezes com humor, mas nem sempre. Na realização dos fenômenos transicionais compartilhados, o paciente cria e encontra a si mesmo e o outro, na realização desse encontro com o analista, realizando e encontrando esse modo de ser-com-o-outro tendo a distinção eu-outra, paradoxalmente, juntada e separada, criada-encontrada.

Também nos referimos ao *self-harm* como uma atitude antissocial – fruto, portanto, da deprivação e tendo como objetivo demandar ao ambiente que restitua a sua confiabilidade perdida, o que poderia também ser interpretada como uma manipulação do ambiente para determinados fins (como chamar a atenção dos pais, ser visto, ser cuidado) –, o que nos levaria a prescrever o mesmo tipo de tratamento prescrito para a atitude antissocial, ou seja, *provisão ambiental*.

Outras experiências de ser citadas (a de ser-diferente-de e de ser-predicável, referida aos processos projetivos e identificatórios,

---

32 Winnicott 1968i, p. 69.

dentre eles a identificação com o agressor), referem-se a dinâmicas relacionais interpessoais, nas quais a distinção eu-outro, a apreensão de si e do outro é vivida como se referindo a dois entes separados e, mais ainda, a duas pessoas inteiras que se relacionam. Isso nos remeteria a todos os processos nos quais o *self-harm* estaria dirigido ao outro, o que não é o foco de nossa análise, mas não poderia deixar de ser considerado (como vimos na análise da literatura).

O conjunto de experiências de ser, de busca por sentir-se vivo, real, integrado, bem como o SOS (código universal de socorro) expresso pela atitude antissocial – como referidos ao objetivo do *self-harm* – exigem cuidados ambientais, cuidados nos quais a presença afetiva do analista (como sendo o ambiente que sustenta o paciente na sua continuidade de ser) é expressa como modos de fornecer provisão ambiental para garantir a continuidade de ser, modos nos quais a palavra, a interpretação e o cuidado são mais sinônimo de segurar e cuidar do que de revelar e simbolizar, ainda que ela possa estar presente como fazendo parte da provisão ambiental.

Podemos, assim, reunindo os dois primeiros modos de ser no mundo (referindo-nos à experiência *Sou* e à experiência *ser-com*), dizer que o analista procura fornecer ao paciente a *sustentação ambiental* para que ele possa sentir-se visto, entendido e dando as condições para que ele possa expressar e comunicar a si mesmo, ser si mesmo, sentir-se vivo e real. Essa perspectiva se aproxima do que Daniel Stern analisou no seu livro *The present moment in psychotherapy and everyday life*[33], no qual comenta a presença afetiva, numa comunicação profunda com o paciente, como um dos fundamentos da prática clínica psicanalítica, ainda que ele não tenha uma ontologia do ser como fundamento do seu modelo para o desenvolvimento dos sensos do self.

33 Stern 2004.

Trata-se, pois, de apontar para o cuidado clínico com aqueles que têm o comportamento de *self-harm*, de proporcionar uma cura pela *sustentação ambiental*, que, a nosso ver, seria uma ampliação daquilo que caracteriza a psicanálise como sendo uma cura pela *palavra*, a palavra estando a serviço do encontro, da comunicação profunda e do estar-com que possibilita ser-no-mundo.

Breves considerações finais

Parece não haver dúvidas de que o *self-harm* se refere a ansiedades psicóticas – sentimentos de despersonalização, desintegração, de irrealidade, de aniquilação e invasão, de impossibilidade de simbolização etc. –, bem como de que também pode, paradoxalmente, tanto prenunciar como evitar uma crise psicótica ou mesmo esquizofrênica, procurando dar contorno e objetividade a um sofrimento vivido sem delimitação. Por outro, ainda que de forma complementar, compreender as angústias vividas por esses pacientes e a procura de uma defesa ou tentativa de autocura nesse sintoma não seria redutível às descrições (explicações) que se apoiam na questão das relações de objetos impulsionadas pela vida instintual, dado que, com a inserção da noção de ser (incluindo experiências que não são redutíveis às suas referências instintuais), seríamos levados a outros tipos de necessidades existenciais e relacionais. Há uma conjunção entre tais perspectivas que diz respeito à função do ambiente, da continência, das relações de apego ou da relação primordial com o seio ou a mãe, que nos remeteria aos diversos modos de compreensão das relações mais primitivas, tendo na mãe-ambiente seu parâmetro de cuidado e sustentação para a constituição da vida psíquica, lembrando aqui a afirmação de Winnicott de que há uma "mãe não-reconhecida dos primeiros estágios de vida de todo homem e de toda mulher"[34], ainda

34 Winnicott 1986g, p. 150.

que essa relação possa ser apreendida e descrita de diversas maneiras, seja ou não referida à administração da vida instintual.

A enunciação do problema do *self-harm* como referido a angústias e relações primitivas do desenvolvimento, parece ser um ponto de consenso entre os psicanalistas; a maneira como ocorrem essas experiências traumáticas, a maneira como podem ser corrigidas ou tratadas pela psicanálise, pelo contrário, difere significativamente. Nossa proposta, neste capítulo, é poder apresentar tal perspectiva do ponto de vista de Winnicott, de forma empírico-descritiva, teórica, clara e objetiva, para que trabalhos que procuram dialogar ou conjugar outras perspectivas, dentro e fora da psicanálise, possam ser feitos. Acreditamos ter dado o primeiro passo em direção a isso.

Seja como for, o clínico pode se beneficiar da diversidade de compreensões, dado que, quando está com um paciente que sofre e pratica o *self-harm*, o que importa é a comunicação que o analista pode fazer enquanto pessoa (na qual está reunindo, de diversas maneiras, todas as suas experiências e pensamentos, em geral não sistematizados e até mesmo de forma contraditória), podendo proporcionar ao paciente o sentimento de ser visto e compreendido, independentemente dele pensar de uma ou outra maneira conceitual, aliás, independentemente de seu pensamento teórico, mas totalmente dependente de sua possibilidade de comunicar-se como pessoa, num contato reconhecido como humano e verdadeiro.

É como se tudo aquilo que nos alimentou para sermos o que somos (nossa história, nossas experiências amorosas e culturais, nossa formação, nossas análises e supervisões, nossas teorias, tudo o que lemos e vimos, todo tipo de conhecimento mais ou menos consistente etc.) estivesse digerido em nós, com maior ou menor objetividade, propiciando nosso encontro com nossos pacientes, fornecendo a eles aquilo que precisam e, no caso do *self-harm*, um tipo de experiência de cuidado que remete à qualidade dos cuidados mais primitivos.

Referências

Abram, J. (2008). Donald Woods Winnicott (1896-1971): a brief introduction. *The International Journal of Psychoanalysis, 89*(6), 1189-1217.

Alvarez, L., & Golse, B. (2008). *A psiquiatria do bebé.* Mira-Sintra: Gráfica Europam.

Anzieu, D. (1985). *Le Moi-peau.* Paris: Dunod, 1995.

Avner, D. (Producer). (2008). *Interview with Dennis Avner the Catman.* [Vídeo]. Youtube. www.youtube.com/watch?v=adEjmXZOBnA

Barros, A. R., & Barros, E. M. d. R. (2021). Paisagens da vida mental sob a Covid-19. In A. d. Staal & H. B. Levine (Eds.), *Psicanálise e vida covidiana. Desamparo coletivo, experiência individual* (pp. 103-142). São Paulo: Blucher.

Bourdin, D. (2019). L'identité en psychanalyse? *Revue Française de Psychanalyse, 83*(2), 347-365.

Boyd, D., & Bee, H. (2011). *A criança em crescimento.* Porto Alegre: Artes Médicas.

Brito, M. H. A., & Pessoa, V. A. M. d. P. (2006). Um perfil da mãe prematura. In R. G. Melgaço (Ed.), *Ética na atenção ao bebê. Psicanálise-Saúde-Educação* (pp. 115-117). São Paulo: Casa do Psicólogo.

Brofenbrenner, U. (1996). *A ecologia do desenvolvimento humano: experimentos naturais e planejados.* Rio Grande do Sul: Artes Médicas.

Bruschweiler-Stern, N. (2009). The neonatal moment of meeting building the dialogue, strengthening the bond. *Child Adolesc Psychiatric Clin N Am*, *18*, 533-544.

Caratozzolo, D. (1996). *La pareja pasional en la posmodernidad. Del desinterés a la violencia*. Rosario: Homo Sapiens.

Cameli, R. (2021). The grammar of paradox: Deciphering Winnicott's language theory. *The International Journal of Psychoanalysis.*

Chassler, L. (2008). Traumatic attachments and self-harm behaviors. A review of "When the body is the target: self-harm, pain, and traumatic attachments" by Sharon Klayman Farber. *Psychoanalytic Social Work*, *15*(1), 69-74.

Cobliner, W. G. (1965). A escola de psicologia genética de Genebra e a psicanálise: paralelos e equivalências. In R. A. Spitz (Ed.), *O primeiro ano de vida*. São Paulo: Martins Fontes.

Coelho de Souza, R. N. (2012). Continuidade de ser e construção do psiquismo. In I. Sucar & H. Ramos (Eds.), *Winnicott. Ressonâncias* (pp. 73-90). São Paulo: Primavera Editorial & Sociedade Brasileira de Psicanálise.

Crain, W. (2011 [2000]). *Theories of development. Concepts and applications.* New York: Prentice Hall.

Cristerna, M. J. (Producer). (2011). *Interview with Maria Jose Cristerna, the vampire woman*. [Vídeo]. Youtube. www.youtube.com/watch?v=7hDsliWDbCY

Cyrulnik, B., Golse, B., & Szejer, M. (2007). *Les enfants d'aujourd'hui. Quoi de neuf chez les 0-7 ans?* Paris: Bayard.

Dias, E. O. (2003). *A teoria do amadurecimento de D. W. Winnicott*. Rio de Janeiro: Imago.

Eigen, M. (2011). *Contact with the depths*. London: Karnac Books.

Farber, S. K. (2000). *When the body is the target: self-harm, pain, and traumatic attachments*. Northvale, New Jersey, London: Jason Aronson Inc., 2002.

Fenichel, O. (1945). *Teoria psicanalítica das neuroses. Fundamentos e bases da doutrina psicanalítica*. São Paulo: Atheneu, 2000.

Ferenczi, S. (1933). Confusão de língua entre os adultos e a criança. In *Psicanálise IV* (pp. 97-106). São Paulo: Martins Fontes, 1992.

Fonagy, P. (2001). *Attachment theory and psychoanalysis*. New York: Other Press.

Fonagy, P., & Target, M. (1995). Understanding the violent patient: the use of the body and the role of the father. *International Journal of Psycho-Analysis, 76*, 487-501.

Fonagy, P., Gergely, G., & Jurist, E. L. (2002). *Affect regulation, mentalization, and the development of self*. New York: Other Press.

Fortes, I., & Kother, M. (2017). Automutilação na adolescência: rasuras na experiência de alteridade. *Psicogente, 20*(38), 353-367.

Freud, Sigmund (1953). The Standard Edition of the *complete psychological works of Sigmund Freud* (24 vols.) [SE]. Strachey, J. (Ed.). London: Vintage, 1999.

_____ (1900a). The interpretation of dreans. *SE 4-5*.

_____ (1905e). Fragment of an analysis of a case of hysteria. *SE 7*.

_____ (1916x). Introductory lectures on psycho-analysis. *SE 15*.

_____ (1917e). Mourning and melancholia. *SE 14*.

_____ (1920g). Beyond the pleasure principle. *SE 18*.

_____ (1937c). Analysis terminable and interminable. *SE 23*.

Fulgencio, L. (2006). Winnicott e uma psicanálise sem metapsicologia. *Revista de Filosofia e Psicanálise Natureza Humana, 8*(Especial 1), 401-420.

___________ (2007). Winnicott's rejection of the basic concepts of Freud's metapsychology. *International Journal of Psychoanalysis, 88*(2), 443-461.

___________ (2008). *O método especulativo em Freud*. São Paulo: EDUC.

___________ (2014a). Aspectos diferenciais da noção de ego e de self na obra de Winnicott. *Estilos da Clínica, 19*(1), 183-198.

___________ (2014b). A necessidade de ser como fundamento do modelo ontológico do homem para Winnicott. In *A fabricação do humano* (pp. 145-159). São Paulo: Zagodoni.

___________ (2015). Discussion of the place of metapsychology in Winnicott's work. *The International Journal of Psychoanalysis, 96*(5), 1235-1259.

___________ (2016). *Por que Winnicott?* São Paulo: Zagodoni.

___________ (2018a). Discussão do lugar da metapsicologia na obra de Winnicott. In L. Fulgencio, R. T. Simanke, A. Imbasciati, & M. Girard (Eds.), *A bruxa metapsicologia e seus destinos* (pp. 237-276). São Paulo: Blucher.

___________ (2018b). Winnicott e a rejeição dos conceitos básicos da metapsicologia freudiana. In L. Fulgencio, R. T. Simanke, A. Imbasciati, & M. Girard (Eds.), *A bruxa metapsicologia e seus destinos* (pp. 181-200). São Paulo: Blucher.

___________ (2019). *Winnicott and the development of being*. [Vídeo]. Youtube. https://www.youtube.com/watch?v=diC9ETMYC7k&t=112s

___________ (2020a). Freud e os objetivos do tratamento psicanalítico. In L. Fulgencio (Ed.), *Objetivos do tratamento psicanalítico* (pp. 55-62). São Paulo: Concern.

___________ (2020b). Incommensurability between paradigms, revolutions and common ground in the development of psychoanalysis. *The International Journal of Psychoanalysis*, *101*(1), 13-41.

___________ (2020c). *Psicanálise do ser. A teoria winnicottiana do desenvolvimento emocional como uma psicologia de base fenomenológica*. São Paulo: EDUSP-FAPESP.

___________ (2020d). Winnicott e os objetivos do tratamento psicanalítico. In L. Fulgencio (Ed.), *Objetivos do tratamento psicanalítico* (pp. 227-250). São Paulo: Concern.

___________ (2021a). Incomensurabilidade entre paradigmas, revoluções e *common ground* no desenvolvimento da psicanálise. In *Ensaios sobre a constituição epistemológica do pensamento de Freud* (pp. 213-258). São Paulo: Concern.

___________ (2021b). O método analógico em Freud. In *Ensaios sobre a constituição epistemológica do pensamento de Freud* (pp. 173-194). São Paulo: Concern.

___________ (2022a). Aspectos diferenciais da noção de ego e de self na obra de Winnicott. In *Winnicott & companhia: Winnicott e Freud* (Vol. 1, pp. 127-145). São Paulo: Blucher.

___________ (2022b). A noção de id para Winnicott. In L. Fulgencio (Ed.), *Winnicott & companhia: Winnicott e Freud* (Vol. 1, pp. 109-124). São Paulo: Blucher.

___________ (2022c). A noção de trauma em Freud e Winnicott. In L. Fulgencio (Ed.), *Winnicott & companhia: Winnicott e Freud* (Vol. 1, pp. 69-84). São Paulo: Blucher.

___________ (2022d). *Teorias psicanalíticas do desenvolvimento: estudo histórico-crítico-comparativo. Origens e consolidação* (Vol. 1). São Paulo: Blucher-Fapesp.

___________ (2022e). *Winnicott & companhia: Winnicott e Freud* (Vol. 1). São Paulo: Blucher.

___________ (2025, no prelo). *Teorias psicanalíticas do desenvolvimento: estudo histórico-crítico-comparativo. Atualidade* (Vol. 2). São Paulo: Blucher.

Gardner, F. (2001). *A psychotherapeutic approach.* New York: Brunner-Routledge.

Genest, R. (Producer). (2012). *Interview with Rick Genest, the zombie boy* [Vídeo]. Youtube. www.youtube.com/watch?v=dZRIPwFRtaQ

Girard, M. (2017). Early and deep: two independent paradigms? *The International Journal of Psychoanalysis*, (98), 963-984.

Girard, M. (2018 [2010]). Winnicott fundamenta os conceitos básicos da metapsicologia freudiana? In L. Fulgencio, R. T. Simanke, A. Imbasciati, & M. Girard (Eds.), *A bruxa metapsicologia e seus destinos* (pp. 201-238). São Paulo: Blucher.

Glover, E. (1932). On the aetiology of drug-addiction. In D. L. Yalisove (Ed.), *Essential pappers on addiction* (pp. 24-51). New York and London: New York University Press, 1997.

Golse, B. (2004). La pulsion d'attachement. *La Psychiatrie de l'Enfant*, *47*(1), 5-25.

_________ (2006). *L'être bébé. La question du bébé à la théorie de l'attachement, à la psychanalyse et à la phénomenologie*. Paris: PUF.

_________ (Ed.). (2008). *Le développement affectif et intellectuel de l'enfant. Compléments sur l'émergence du langage*. Issy-les-Moulineaux: Elsevier Masson.

_________ (2010). Sources and vicissitudes of being in Winnicott's work. *Psychoanalytic Quarterly*, *79*(1), 11-35.

Green, A. (2010). Sources and vicissitudes of being in Winnicott'swork. *Psychoanalytic Quarterly*, *79*(1), 11-35.

Greenberg, J. R., & Mitchell, S. A. (1983). *Relações objetais na teoria psicanalítica*. Porto Alegre: Artes Médicas, 1994.

Gurfinkel, D. (1995). *A pulsão e seu objeto-droga: estudo psicanalítico sobre a toxicomania*. Petrópolis: Vozes.

____________ (2001). *Do sonho ao trauma: psicossoma e adicções*. São Paulo: Casa do Psicólogo.

____________ (2011). *Adicções: paixão e vício*. São Paulo: Casa do Psicólogo.

____________ (2017). *Relações de objeto*. São Paulo: Blucher.

____________ (2019). The unbearable (unsustainable) dependence of being. *Psychoanalysis Today* [online]. Recuperado de https://psychoanalysis.today/en-GB/PT-Articles/Gurfinkel169952/The-unbearable-(unsustainable)-dependence-of-being.aspx

Harkness, D., & Cotrell, G. (1997). The social construction of co-dependency in the treatment of substance abuse. *Journal of Substance Abuse, 14*(5), 473-479.

Hjulmand, K. (1999). Lista completa das publicações de D. W. Winnicott. *Revista de Filosofia e Psicanálise Natureza Humana, 1*(2), 459-517.

____________ (2007). D. W. Winnicott: bibliography: chronological and alphabetical lists. In *The language of Winnicott: a dictionary of Winnicott's use of words* (2. ed., pp. 363-435). London: Karnac.

Humberg, L. V. (2004). *Dependência do vínculo: uma releitura do conceito de co-dependência*. [Mestrado]. Universidade de São Paulo.

____________ (2014). *Relacionamentos adictivos. Um estudo psicanalítico.* [Doutorado]. Universidade de São Paulo.

____________ (2016). *Relacionamentos adictivos. Vício e dependência do outro*. São Paulo: CLA.

Imbasciati, A., & Cena, L. (Eds.). (2018). *Psicologia clinica perinatale: prevenzione e interventi precoci. Il futuro dei primi mille giorni di vita*. Milano: Franco Angeli.

Imbasciati, A., Dabrassi, F., & Cena, L. (2007). *Psicologia clinica perinatale - Vademecum per tutti gli addetti alla nascita (genitori inclusi)*. Padova: Piccin.

Imbasciati, A., Dabrassi, F., & Cena, L. (Eds.). (2018). *Psicologia clinica perinatale per lo sviluppo del futuro individuo. Un uomo transgenerazionale.* Torino: Espress.

Kalina, E., Kovadloff, S., Roig, P. M., Serram, J. O. C., & Cesarman, F. (1989). *Drogadicção hoje: indivíduo, família e sociedade.* Porto Alegre: Artes Médicas.

Kolk, B. V. D. (1994). The body keeps score: memory and the evolving psychobiology of posttraumatic stress. *Harvard Rev Psychiat, 1*,253-265.

___________ (2014). *O corpo guarda as marcas. Cérebro, mente e corpo na cura do trauma.* Rio de Janeiro: Sextante, 2020.

Krystal, H. (1978). Self representation and the capacity for self care. *Annual of Psychoanalysis, 6*, 209-246.

___________ (1988). *Integration and self-healing: affect, trauma, alexithymia.* New Jersey: Analytic Press.

Lacey, J., & Evans, C. (1986). The impulsivist: a multi-impulsive personality disorder. *British Journal of Addiction, 81*, 641-649.

Laplanche, J., & Pontalis, J.-B. (1967). *Vocabulaire de psychanalyse.* Paris: PUF.

Lenormand, M. (2018). Winnicott's theory of playing: a reconsideration. *The International Journal of Psychoanalysis*, 99(1), 82-102.

Leppard, T. (Producer). (2006). *Interview with Tom Leppard, the Leopard Man* [Vídeo]. Youtube. www.youtube.com/watch?v=PnUDSBonub8

Lerner, R. M. (2002 [1976]). *Concepts and theories of human development.* New York & London: Lawrence Erlbaum Associates.

Levine, H. B. (2014). Psychoanalysis and trauma. *Psychonalytic Inquiry*, (34), 214-222.

Kabesh, A. T. (Ed.) (2019). *Twelve Essays on Winnicott. Theoretical Developments and Clinical innovations.* New York: Oxford University Press.

McDougall, J. (1974). The psychosomatic and psychoanalytic process. *International Review of Psychoanalysis, 1*, 437-454.

___________ (1978). *Em defesa de uma certa anormalidade. Teoria e clínica psicanalítica.* Porto Alegre: Artes Médicas, 1983.

___________ (1982). *Teatros do eu*. Rio de Janeiro: Francisco Alves, 1992.

___________ (1989a). *Teatros do corpo*. São Paulo: Martins Fontes, 1991.

___________ (1995). *As múltiplas faces de Eros. Uma exploração psicanalítica da sexualidade*. São Paulo: Martins Fontes, 2001.

___________ (2001). L´économie psychique de l´addiction. In *Anorexie, adiction et fragilités narcisiques*. Paris: PUF.

Melillo, A., Estamatti, M., & Cuestas, A. (2006). Algunos fundamentos psicologicos del concepto de resiliencia. In A. Melillo & E. N. S. Ojeda (Eds.), *Resiliencia descubriendo las proprias fortalezas* (pp. 83-91). Buenos Aires: Paidós.

Miller, P. H. (2011 [1989]). *Theories of developmental psychology* (5 ed.). New York: Worth Publishers.

Motz, A. (2001). *The psychology of female violence*. Sussex: Brunner-Routledge.

Nietzsche, F. (1888). *Crepúsculo dos ídolos*. São Paulo: Companhia das Letras, 2017.

Ogden, T. H. (2016a). O medo do colpaso e a vida não-vivida. *Livro Anual de Psicanálise, XXX-1*, 77-93.

___________ (2016b). *Reclaiming unlived life. Experiences in psychoanalysis*. London: Routledge.

___________ (2019). Ontological psychoanalysis or "what do you want to be when you grow up?". *Psychoanalytic Quarterly, 88*(4), 661-684.

___________ (2020). Psicanálise ontológica ou "O que você quer ser quando crescer?". *Revista Brasileira de Psicanálise, 54*(1), 23-46.

___________ (2021). What alive means: on Winnicott's "transitional objects and transitional phenomena". *The International Journal of Psychoanalysis, 102*(5), 837-856.

___________ (2023). *Recuperando A Vida Não Vivida: Experiências Em Psicanálise*. São Paulo: Escuta.

Oppenheimer, A. S. (2002). Identité. In A. d. Mijolla (Ed.), *Dictionnaire International de Psychanalyse*. Paris: Calmann Levy.

Palombo, J., Bendicsen, H. K., & Koch, B. J. (2010). *Guide to psychoanalytic developmental theories*. New York: Springer.

Papalia, D. E., & Feldman, R. D. (2012). *Desenvolvimento humano* (12 ed.). Porto Alegre: McGrawHill/Artmed, 2015.

Pattison, E., & Kahan, J. (1983). The deliberate self-harm syndrome *American Journal of Psychiatry*, *140*, 867-872.

Phillips, A. (1988). *Winnicott*. São Paulo: Idéias & Letras, 2007.

Pinheiro, D. b. P. c. N. (2004). A resiliência em discussão. *Psicologia em Estudo*, 9(1), 67-75.

Proust, M. (2022). *À Procura do Tempo perdido. Para o lado de Swan*. Vol. 1. São Paulo: Companhia das Letras.

Radó, S. (1933). The psychoanalysis of pharmacothymia. In D. L. Yalisove (Ed.), *Essential pappers on addiction* (pp. 52-68). New York and London: New York University Press, 1997.

Rich, L. D. (2007). *Interview with Lucky Diamond Rich, World's Most Tattooed Man* [Vídeo]. Youtube. http://www.youtube.com/watch?v=lTpEtSc4Er8

Rickman, J. (1951). Number and the humam science. *Psycho-Analysis and Culture*, 150-155.

Rocha Barros, E. M., & Rocha Barros, E. L. (2011). Reflections on the clinical implications of symbolism. *International Journal of Psycho-Analysis*, *92*(4), 879-901.

____________________ (2015). Symbolism, emotions and mental growth. In J. Barossa, C. Bronstein, & C. Pajaczkowska (Eds.), *The new Klein-Lacan: dialogues* (pp. 235-254). London: Karnac.

____________________ (2016). The function of evocation in the working-through of the countertransference: projective identification, reverie and the expressive function of the mind. In H. Levine & G. Civitarese (Eds.), *The W. R. Bion tradition* (pp. 141-154). London: Karnac.

____________________ (2019). Una ri-fundazione del concetto di contratransfer-reverie. *Rivista di psicoanalisi*, *3*, 595-614.

Ronnie, C. (2022). The grammar of paradox: deciphering Winnicott's language theory. *The International Journal of Psychoanalysis*, *103*(1), 89-107.

Rosenfeld, H. (1968). *Os estados psicóticos*. Rio de Janeiro: Zahar.

Roussillon, R. (2009). Transitionnel et réflexivité. *Les Lettres de La Société de Psychanalyse Freudiene, Winnicott, un psychanalyste dans notre temps*, (21), 123-140.

__________ (2016). Pour une métapscyhcologie de la créativité chez D. W. Winnicott. *Journal de La Psychanalyse de L'enfant*, *2*(5), 159-179.

Saragnano, G., & Seulin, C. (2015). *Playing and reality revisited. A new look at Winnicott's classic work*. London: Karnac.

Scarfone, D. (2017). Ten short essays on how trauma is inextrucably woven into psycic life. *The Psychoanalytic Quarterly*, *86*(1), 21-43.

Spelman, M. B. (2013a). *The evolution of Winnicott's thinking: examining the growth of psychoanalytic thought over three generations*. London: Karnac.

__________ (2013b). *Winnicott's babies and Winnicott's patients: psychoanalysis as transitional space*. London: Karnac.

Sprague, E. (Producer). (2012). *Interview with Erik Sprague, the lizard man* [Vídeo]. Youtube. www.youtube.com/watch?v=9xPpgq2x6EU

Steinberg, L. B., Marc H.; Vandell, Deborah L.; Rook, Karen S. (2011). *Lifespan development. Infance throught adulthood*. Belmont: Wadsworth.

Stern, D. (1995). *A constelação materna. O panorama da psicoterapia pais/bebê*. Porto Alegre: Artes Médicas, 1997.

_______ (2002). *The first relationship: infant and mother, with a new introduction*. Cambridge: Harvard University Press.

_______ (2004). *The present moment in psychotherapy and everyday life*. London: W. W. Norton & Company.

_______ (2004). *O momento presente na psicoterapia e na vida cotidiana*. Rio de Janeiro: Record, 2007.

_______ (2019). Etre avec. Les thérapies mère-enfant selon Daniel Stern. *Entrevista para a L'université ouverte du bébé em 2018/2019*. [Vídeo]. Youtube. https://youtu.be/gSX_t-zPBAo

Stern, D., & Bruschweiler-Stern, N. (Eds.). (1998). *The birth of a mother. How the motherhood experience can change you forever*. New York: Basic Books.

Straker, G. (2006). Signing with a scar. Understanding self-harm. *Psychoanalytic Dialogues, 16*(1), 112-2006.

Sweden, R. C. V. (1995). *Regression to dependence. A second opportunity for ego integration and developmental progression*. Northvale: Jason Aronson.

Tavares, J. (2001). A resiliência na sociedade emergente. In J. Tavares (Ed.), *Resiliência e educação* (pp. 43-76). São Paulo: Cortez.

Thomas, R. M. (2005). *Comparing theories of child development*. Belmont: Thomson/Wadsworth.

Tostes, G. W., & Cury, V. E. (2021). Psychological intervention in psychotic crisis: a person-centered approach. *Estudos de Psicologia (Campinas), 38*(e200106).

Trombeta, L. H., & Guzzo, R. S. L. (2002). *Enfrentando o cotidiano adverso: estudo sobre resiliência em adolescentes*. Campinas: Alínea.

Turp, M. (1999). Encounterin self-harm in psyhcotherapy and couselling practice. *British Journal of Psychotherapy, 15*(3), 306-321.

Tyson, A., & Strachey, J. (1956). A chronological hand-list of Freud's works. *International Journal of Psychoanalysis, 37*(1), 19-33.

Tyson, P., & Tyson, R. L. (1990). *Psychoanalytic theories of development. An integration*. New Haven & London: Yale Universty Press.

Viñar, M. N. (2017). The enigma of extreme traumatism: trauma, exclusion and their impact on subjectivity. *The American Journal of Psychoanalysis, 77*(1), 40-51.

Welldon, E. V. (1988). *Mother, madonna, whore: the idealisation and denigration of motherhood*. New York: Guilford Press.

Winnicott, D. W. (1940c). A mãe separada do filho. In *Privação e delinquência* (pp. 31-39). São Paulo: Martins Fontes, 1999.

______________ (1945d). Desenvolvimento emocional primitivo. In *Da pediatria à psicanálise* (pp. 281-299). São Paulo: UBU, 2021.

______________ (1953a). Psicoses e cuidados maternos (D. Bogomoletz, Trad.). In *Da pediatria à psicanálise* (pp. 393-407). São Paulo: UBU, 2021.

______________ (1953c). Objetos transicionais e fenômenos transicionais. In *O brincar e a realidade* (pp. 13-51). São Paulo: UBU, 2019.

_____________ (1953c [1951]). Objetos transicionais e fenômenos transicionais. In *Da pediatria à psicanálise: obras escolhidas* (pp. 316-331). Rio de Janeiro: Imago, 2000.

_____________ (1953i). Resenha (escrita com M. Masud R. Khan) de Psychoanalytic Studies of the Personality, de W. R. D. Fairbairn. In *Explorações psicanalíticas: D. W. Winnicott* (pp. 316-322). Porto Alegre: Artes Médicas, 1994.

_____________ (1954a). A mente e sua relação com o psicossoma. In *Da pediatria à psicanálise* (pp. 408-426). São Paulo: UBU, 2021.

_____________ (1955d). Aspectos clínicos e metapsicológicos da regressão no contexto psicanalítico. In *Da pediatria à psicanálise* (pp. 462-487). São Paulo: UBU, 2021.

_____________ (1958d). Ansiedade associada à insegurança. In *Da pediatria à psicanálise* (pp. 163-167). São Paulo: UBU, 2021.

_____________ (1958f). Memórias do nascimento, trauma do nascimento e ansiedade. In *Da pediatria à psicanálise* (pp. 254-276). São Paulo: UBU, 2021.

_____________ (1958g). A capacidade de ficar sozinho. In *Processos de amadurecimento e ambiente facilitador* (pp. 34-43). São Paulo: UBU, 2022.

_____________ (1958n). Preocupação materna primária. In *Da pediatria à psicanálise* (pp. 493-501). São Paulo: UBU, 2021.

_____________ (1959b). Resenha de Envy and gratitud. (Parte I do cap. 53 - Melanie Klein: sobre o seu conceito da inveja.). In *Explorações psicanalíticas: D. W. Winnicott* (pp. 338-340). Porto Alegre: Artes Médicas, 1994.

_____________ (1960c). Teoria do relacionamento pais-bebê. In *Processos de amadurecimento e ambiente facilitador* (pp. 44-69). São Paulo: UBU, 2022.

_____________ (1965d). Os objetivos do tratamento psicanalítico. In *Processos de amadurecimento e ambiente facilitador* (pp. 212-217). São Paulo: UBU, 2022.

_____________ (1965n). A integração do ego no desenvolvimento da criança. In *Processo de amadurecimento e ambiente facilitador* (pp. 70-79). São Paulo: UBU, 2022.

_____________ (1965r). Da dependência à independência no desenvolvimento do indivíduo. In *Processos de amadurecimento e ambiente facilitador* (pp. 79-87). São Paulo: UBU, 2022.

______________ (1965t). Crescimento e desenvolvimento na fase imatura. In *A família e o desenvolvimento individual* (pp. 29-41). São Paulo: Martins Fontes, 1999.

______________ (1968d). A comunicação do bebê com a mãe e a da mãe com o bebê, comparada e contratada. In *Bebês e suas mães* (pp. 104-124). São Paulo: UBU, 2020.

______________ (1968g). Conceitos atuais do desenvolvimento adolescente e suas implicações para a educação superior. In *O brincar e a realidade* (pp. 219-239). São Paulo: UBU, 2019.

______________ (1968i). O brincar: proposição teórica. In *O brincar e a realidade* (pp. 69-90). São Paulo: UBU, 2019.

______________ (1970b). A experiência mãe-bebê de mutualidade. In *Explorações psicanalíticas: D. W. Winnicott* (pp. 195-202). São Paulo: Artes Médicas, 1994.

______________ (1971b). *Consultas terapêuticas em psiquiatria infantil* (J. M. X. Cunha, Trad.). Rio de Janeiro: Imago, 1984.

______________ (1971f). O conceito de indivíduo saudável. In *Tudo começa em casa* (pp. 21-42). São Paulo: UBU, 2021.

______________ (1971r). O brincar: atividade criativa e a busca do self. In *O brincar e a realidade* (pp. 91-107). São Paulo: UBU, 2019.

______________ (1971va). Os elementos masculinos e femininos ex-cindidos [*split-off*] encontrados em homens e mulheres. In *Explorações psicanalíticas: D. W. Winnicott* (pp. 134-144). Porto Alegre: Artes Médicas, 1994.

______________ (1974). O medo do colapso. In *Explorações psicanalíticas: D. W. Winnicott* (pp. 70-76). Porto Alegre: Artes Médicas, 1994.

______________ (1984i). Tipos de psicoterapia. In *Tudo começa em casa* (pp. 118-130). São Paulo: UBU, 2021.

______________ (1986a). *Holding e interpretação*. São Paulo: Martins Fontes, 1991.

______________ (1986g). Este feminismo. In *Tudo começa em casa* (pp. 217-230). São Paulo: UBU, 2021.

______________ (1987b). *O gesto espontâneo*. São Paulo: Martins Fontes, 1990.

______________ (1988). *Natureza humana*. Rio de Janeiro: Imago, 1990.

______________ (1989d). O conceito de trauma em relação ao desenvolvimento do indivíduo dentro da família. In *Explorações psicanalíticas: D. W. Winnicott* (pp. 102-115). Porto Alegre: Artes Médicas, 1994.

______________ (1989vk). A psicologia da loucura: uma contribuição da psicanálise. In *Explorações psicanalíticas: D. W. Winnicott* (pp. 94-101). Porto Alegre: Artes Médicas, 1994.

______________ (1989vl). Psiconeurose na infância. In *Explorações psicanalíticas: D. W. Winnicott* (pp. 53-58). Porto Alegre: Artes Médicas, 1994.

______________ (1989xa). O uso do objeto no contexto de Moisés e o monoteísmo (Parte VII do cap. 34). In *Explorações psicanalíticas: D. W. Winnicott* (pp. 187-191). Porto Alegre: Artes Médicas, 1994.

Wright, G. H. v. (1971). *Explanantion and Understanding*. Ithaca, New York: Conell University Press.

Yalisove, D. L. (1997). *Essential papers on addiction*. New York and London: New York University Press.

Yunes, M. A. M., & Szymanski, H. (2001). Resiliência: noção, conceitos afins e considerações críticas. In J. Tavares (Ed.), *Resiliência e educação* (pp. 13-42). São Paulo: Cortez.

GRÁFICA PAYM
Tel. [11] 4392-3344
paym@graficapaym.com.br